パンティオロジー

秋山あい

集英社インターナショナル

Pantieology
Ai Akiyama

装画　秋山あい

装丁　アルビレオ

はじめに　　　　　　　　—— パンティオロジーとは

　もうずいぶん前になりますが、身の回りのオブジェやその日の感情を手当たり次第に絵に描いて、ブログに掲載していた時期がありました。コレクションしていたカフェオレボウルや捨てられない靴、忘れたくない風景……。その延長線上で自分のパンティを描いたところ、思いもよらずさまざまな反響がありました。調子に乗ってそのときに持っていたものを一生懸命描いていたのですが、どうもワンパターンで面白くない。ほかの人はどんなパンティをはいているのだろう?　と自然と気になってきたのです。

　そんなある日、『Pantie Dictionary』や『Pantie A to Z』など図鑑的な企画にしたら面白いのではないかと、ニューヨーク・タイムズ紙に勤める友人女性と盛り上がったのですが、辞書やA to Zでは世の中のパンティを全部網羅しなければならないことに気がつきました。「さてどうしようか」と思案しているうちに眠ってしまい、朝を迎え、まだ布団にくるまり夢の中をふわふわしていたときにふと、「Pantieology ／パンティオロジー」という言葉が浮かんできたのです。

　学問ならば、いろいろな人を巻き込んで、パンティの話を聞くとができ、研究の途中経過を発表することができる。しかもかねてから尊敬してやまない「考現学 Modernology」のオ

はじめに

マージュになるではないか……。

　こうして学問的アートプロジェクトともいうべき「パンティオロジー」は始まりました。

　パンティは、ブラジャーよりもはるかにパーソナルで、また性に直結しています。ふだん人に見せることのないその一枚の布から、個々の物語と時代性が浮かび上がるのではないかと、わくわくしました。

*

　最初は自分の周りにいる人の取材から始めました。インタビューは私のアトリエか取材相手の自宅や仕事場、またカフェやバーで行うこともありました。初対面でありながら、取材に快く協力してくれた女性たちは、いきなりパンティというプライベートな領域に飛び込んだにもかかわらず、赤裸々な話をしてくれました。

　いろいろな職業、年齢の女性を取材したいと事あるごとに話しているうちに、知人を介して少しずつふだん出会わないような方々にもお会いすることができました。

　インタビューは必ず一対一で行い、調査対象者には、今持っているパンティの中から@いちばんセクシーなもの、ⓑいちばん

―― パンティオロジーとは

リラックスできるもの、ⓒいちばんお気に入りのもの、の計3枚
を選んでもらい、それらを写真に収め、あとでデータを絵と文
章に起こし#P001などと番号を振ってファイリングしています。
　調査を始めた2014年から2019年現在までに約100人に取
材し、約300枚のデータを収集することができました。
　協力してくれたのは、ジャーナリストや作家、弁護士、医師、
キュレーター、アーティスト、ミュージシャンなどさまざまな職業
の女性たち。国籍は、日本、フランス、アメリカ、イタリア、ポー
ランド、イランなど多岐にわたります。
　ある程度データが集まった時点で読み解いていくと、女性た
ちは人生のシーンによって、はくものを替えることがわかってきま
した。それぞれのその時どきのパンティの哲学があるのです。ま
たパンティを選ぶ基準は、社会的状況や文化にも密接に関
わっていることがわかりました。

＊

　まずは、パンティのドローイングと、それを選び、愛着のある
1枚とした女性たちの言葉をご覧ください。

| 目　次 |

はじめに ──パンティオロジーとは　　　　　　　　　　　3

パンティオロジー

part1 | **#P001 - #P037**　　　　　　　　　　　7

part2 | **#P038 - #P066**　　　　　　　　　　57

part3 | **#P068 - #P090**　　　　　　　　109

パンティコラム

1 | **見られることを知っている**　　　　　　　28

2 | **パンティは心の鏡**　　　　　　　　　　　55

3 | **「サービスパンティ」の日**　　　　　　　83

4 | **フランスの男と女とランジェリー**　　　106

5 | **パンティとお年頃**　　　　　　　　　　130

はみ出しパンティépisode

#P037　イランの「手縫いのパンティ」　　　54

#P058　コケティッシュおばあちゃんのパンティ　82

#P060 #P061　恋愛観とコットンパンティ　　85

掲載メーカーリスト　　　　　　　　　　　　156

おわりに　　　　　　　　　　　　　　　　　159

＊#P001などの番号は取材した方々のファイリング順番号です。
　100人取材したなかから、33人分を掲載しておりますので、
　抜けている番号もあります。なお、PはPantieologyのPです。

＊本文中の価格は、1ユーロ＝130円、1ドル＝115円で換算しています。
　為替相場は変動しますので、あくまで目安としてご覧ください。

パンティオロジー part1

#P001

#P004

#P010

#P013

#P016

#P021

#P023

#P024

#P030

#P032

#P037

＃Ｐ００１

パートナーが替わった際に
無意識に下着もリセット

2015年1月取材
41歳／やぎ座／Ｂ型
東京都渋谷区生まれ、 渋谷区とフランス、ボルドー育ち
日本国籍／フランス、パリ18区在住
アーティスト
日本人男性パートナーと交際約2年
所有数 約30枚

　セールのときや落ち込んだとき、**また恋をしているときに上下セットで購入**することが多い。身につける際は、あまり気にせずバラバラなこともよくあるが、デートや大切な用事などのある特別な日には上下合わせて出かけることも。

　パンティの値段は1枚につき5～15ユーロ(約650～2000円)ぐらい。日々の生活を見つめ直して、変化がほしいときや気持ちをリセットしたいときに、思い立って、ゴソッと処分する派。ふり返ってみると、パートナーが替わった際に、無意識に下着もリセットしているようだ。

　最近は古くなり次第、処分するように心がけている。

#P001-a｜セクシー

仲良しで大好きな女友達からのプレゼント。セクシーになりたいときにこのパンティをはくと、嬉しくなるしワクワクする。薄手のワンピースや特別なお出かけのときにはくことが多い。

#P001_b | リラックス

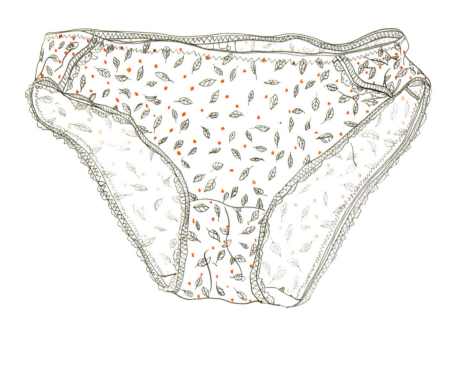

半年ほど前、モノプリ(フランスのおしゃれスーパー)で前から持っていた上下セットの柄違いを購入。つるつるとした素材のさわり心地が良く、どうやら恋人もお気に入りの様子。ふだんからけっこう頻繁にはいている。アウターに響かない素材なので楽。乾きも早いので旅行にも持っていく1枚。

#P001-c｜お気に入り

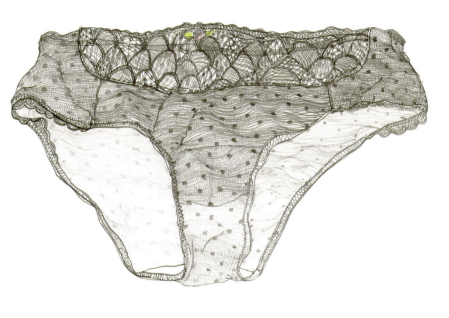

2年前に新しい恋の予感で浮き足立っていたころ、こちらもモノプリの激安セールで女友達と衝動買い。上下合わせて5セット購入したうちの1セット。**「ウキウキパンティ」**。レースにピンクと緑のリボンのアクセントがお気に入り。

#P004

お金をかけずにいかに
セクシーな演出ができるか

2014年9月取材	
42歳／うお座／O型	
フランス、セーヌ エ マルヌ	
（パリ近郊）生まれ、ボルドー育ち	
フランス国籍／ボルドー在住	
映像関係の小道具・美術装飾業	
パートナー募集中(結婚という契約には興味がない)	
所有数 約20枚	

年に1～2回ほど、偶然の出合いにより購入することが多い。春の大掃除のときや、かんしゃくを起こしたときに処分する。

#P004-a｜セクシー

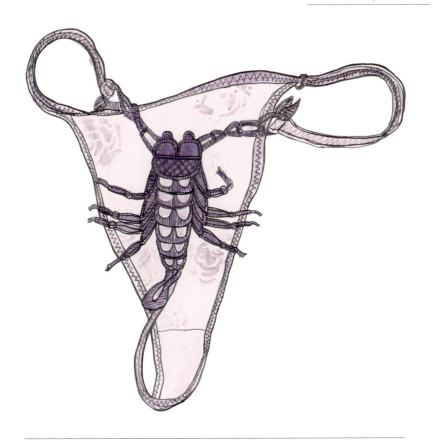

と ても下品で悪趣味。やりすぎ感はあるが、**遊び心ではくと意外にセクシーな気分**になれる。当時のフィアンセを楽しませようと10年ほど前に購入したが、当人はびっくりしてあまり楽しめなかった様子。朝市のワゴンセールで1ユーロ(約130円)で見つけたもの。お金をかけずにいかにセクシーな演出ができるか、それを考えるのが楽しい。数年後、さそり座の男性に恋をしたが、残念ながらその人にこのパンティを見せることはなかった。

＊例外としてバックスタイルを描きました。サソリ部分は前ではなく後ろです。

#P004_b｜リラックス

9年ほど前にポルトガルで見つけた1枚。店頭でパッと目に入り、当時の恋人と行ったアカプルコ(メキシコ)での**濃厚な旅を思い出**して即購入。5ユーロ(約650円)。今でも、暑い日にメキシコの夏に思いを馳せながらはく。

#P004_c｜お気に入り

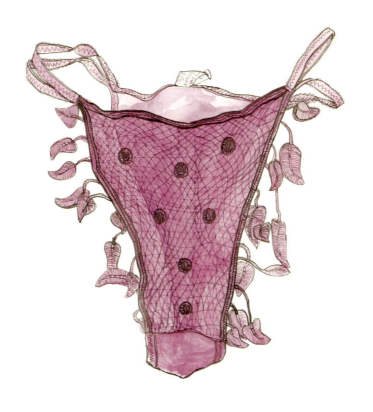

ちらも朝市のワゴンセールで1ユーロ(約130円)で購入。またもや下品で悪趣味。それでも面白さは抜群。「扇風機ダンス」(風でひらひらさせながらする誘惑ダンス)はとてもセクシーな気分になれて楽しかった。十分に楽しませてもらったパンティ。アホらしすぎて、以来はく機会はないが、どうしても捨てられない。

＃Ｐ０１０

毎朝パンティを選ぶたびに
夫のことを想っています

2014年9月取材
31歳／しし座／血液型不明
フランス、ブルターニュ生まれ、ブルターニュ育ち
フランス国籍／パリ19区在住
法律関係の仕事
フランス人男性パートナーと結婚6年目、子ども2人（長女、次女）
所有数 20枚以上

　シーズンごとに上下セットで購入する。クリスマスに母や夫から
プレゼントしてもらうことが多い。年に1回、ゴムが古くなってい
たり、少しでもいたんでいたら思い切って処分する。下着は身につ
けるもののなかで最も肌に近いので、常に綺麗にと心がけている。
「人には見せない部分だが、まずは**自分の健康と精神的バランスの
ために、洋服よりも気を遣うように**」と、母から教育を受けた。そ
のエスプリを大切にしたいので、娘たちにも同じことを伝えている。
　妊娠中も下着には気をつけていた。「**母としてだけでなく、女性
としての魅力を保つことはとても大切よ**」と、母からアドバイスが
あったから。下着を楽しむこと、上下揃えて身につけることなど、
女性としての楽しみを教えてくれた母だが、具体的に性の話をした
ことは不思議と一度もない。
　1日の始まりに〝今日はこのパンティ〟と選んではくたびに夫のこ
とを想っている。生活のなかでとても大切にしているアイテムなの
で、夫が褒めてくれるのが嬉しい。

#P010-a｜セクシー

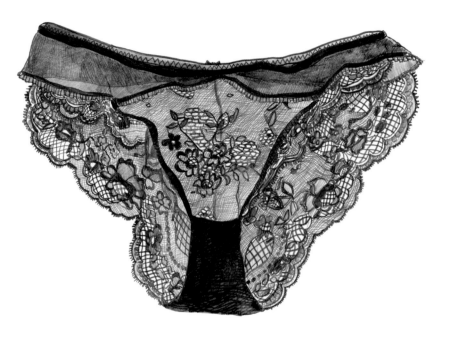

前回のクリスマスに母がプレゼントしてくれた、リズシャルメル。パンティだけでも70ユーロ(約9000円)ほど。前後にレースが入っていて、ゴムの部分も締めつけない上質なデザイン。アウターにも響かないのでワンピースなどに合わせたり、セクシーな気分の日にはいたりする。

#P010_b リラックス

次女を妊娠中に母がプレゼントしてくれたもの。リラックスしたい週末にはくことが多い。精神衛生と健康維持のため、パンティには重要な役割がある。綺麗な色のものを身につけると気分が上がる。

#P010−c｜お気に入り

　ちらも、2年前のクリスマスに母からプレゼントされたもの。花のモチーフが大好きなので、お気に入りの1枚。鮮やかな色を身につけるとウキウキする。長いあいだはいているが、つい何日か前に**夫が「素敵だね」**と言ってくれたのが嬉しかった。

＃Ｐ０１３

家に帰ると
パンティもはき替える

2014年12月取材
41歳／さそり座／Ａ型
東京都中野区生まれ、中野区育ち
日本国籍／東京都世田谷区在住
販売員
シングルマザー（長男、長女）、パートナーなし
所有数 約50枚

　洋服を買ったときなど、機会があれば下着も同時に購入すること
が多い。平均金額は1000〜2000円ぐらい。

　断捨離をするときやヨレヨレになっているのに気がついたときに
処分している。基本的には上下揃えて購入するが、パンティのみ購
入することも多い。

　家に帰ると洋服を着替えるのと同じく、パンティも家＆寝るとき
用のものにはき替える。**日中はお出かけ用の違うものを。**

#P013-a | セクシー

最近購入した1枚。ある男性にフラれちゃったので、気分をリフレッシュさせるべく、ピーチ・ジョンで購入。1200円ぐらい。週末や遊びに行くときにはく。これから楽しみな1枚。

#P013_b｜リラックス

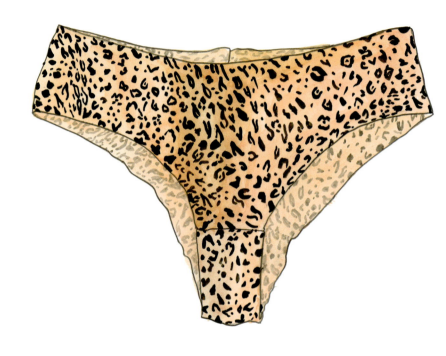

は き心地がよさそうなのが気に入って、2年前にH&Mで600円ぐらいで購入。家で夜寝る用にはくパンティ。

#P013-c｜お気に入り

1年ほど前にトップショップで一目惚れした1枚。1000円程度。色と脇のレースが可愛く、気分を上げてくれるので**大事な打ち合わせなどモチベーションを高めたいときにはいている。**

#P016

汗まみれの力仕事の日こそ、
とびきりセクシーなものを

2015年4月取材
31歳／しし座／O型
石川県金沢市生まれ、金沢市育ち、大学より東京へ
日本国籍／東京、メルボルン、パリなど、 数年ずつ転々としたあと、現在不定
俳優、パフォーマー
パートナーなし、遊びのボーイフレンドあり
所有数 約20枚

　新しい下着をつけると、気持ちもスッキリする。ワンシーズンに1回ぐらいのペースで購入している。引っ越しが多いため、その土地を離れる前や新しい場所へ行ってから、**ほぼ全替えする感覚**で上下セットで4〜5着購入している。1枚1200〜1500円程度。

　所有する20枚の内訳は「**適当パンティ**」5枚、「**ふだん使いパンティ**」10枚、「**お気に入りのパンティ**」5枚。運気が悪くなりそうなので古いと思ったらすぐに処分する。人に貸すことはないけれど、いつでもそれができるぐらい綺麗なものを身につけていたい。

　大学時代、演劇科の先輩が舞台の仕込みをしている際に「体力仕事の日こそ、女を忘れないよういちばん素敵な下着を選ぶのよ」と、言っていたのがカッコよかった。以来、汗まみれの力仕事の日こそ、逆にとびきりセクシーに、をポリシーとしている。**見えないところで女を保つ。その意識を高めようと気をつければどんどん自分が変わる。**汚いTシャツの日でも下着は大好きなものにしている。

#P016–a｜セクシー

1年ぐらい前、パリに行く直前に日本で購入したもの。若い女の子が通うお店で上下セット4000円ぐらい。ふだんからはく1枚。デートやお出かけのときにも。

#P016_b | リラックス

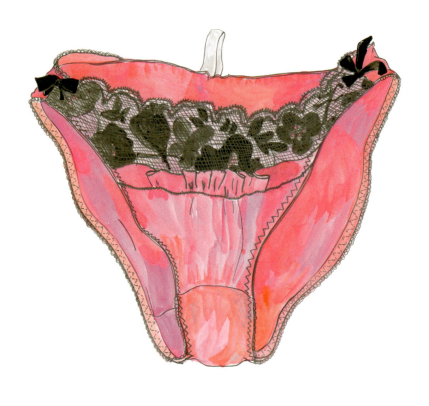

　ビビッドカラーで、デートの日にもOKの「**マルチユーズパンティ**」。
[#P016_a]と同じタイミングでショッキングピンクに惹かれて購入。Tバックではないので、リラックスパンティだけどアクティブな日にもはける。とても気に入っている1枚。

#P016-c | お気に入り

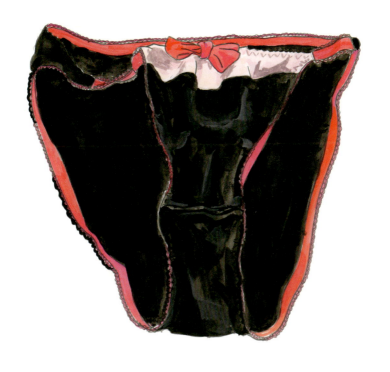

こちらも[#P016_a]と同じタイミングで購入。ふだん用。またデート以外のお出かけ用。ゴムのストレッチが効いているので**アクティブに動くときもはいている。**

パンティコラム 1

見られることを知っている

エデンの園でアダムとイヴは知恵の木の実を食べてしまい、裸でいることが急に恥ずかしくなって、イチジクの葉っぱで性器を隠したと言われています。そうだったとしたら、イチジクの葉は、初のパンティなのではないでしょうか。

＊

パンティは最初に肌につけるもの、そして最後に脱ぐもの。女性にとっても男性にとっても特別な、ごく小さな布切れですが、それを選ぶときにいったい何に惹かれ、何を思い「これだ！」という1枚にたどり着くのでしょう。そしてその1枚の布にどんなドラマを求めるのでしょうか。

＊

女性はどうでもいいことをおしゃべりすることが好きですが、意外にもパンティの具体的な話はしません。「あのとき何はいてたの?」とか「何枚ぐらい持ってる?」などという会話はしないものです。だからといって人がどんなパンティをはいているかに興味がないわけではありません。着替えの際にはついついチラッと見てしまう。「あ、こういう趣味なんだ」「あらけっこう派手」「それ楽だよね、わかるー」などと思ってはいるのですが、それを

口に出すことはなぜだか皆無なのです。

　そして温泉やジムに行くときなど、人の目に触れる機会がありそうな日には、誰とどこへ行くのか一瞬のうちにあれこれ考えを巡らせたうえで、パンティを選びます。見られることを知っているのです。

*

　イヴも迷いに迷ったことでしょう。なにしろ本当に最初の1枚ですし、アダムも見ているのですから。「これではセクシーすぎるかしら……」「アダムはどれが好きかしら……」「色は綺麗だけど形がちょっと……」などと考えて。ひょっとしたらアダムも一緒に選んだのかもしれません。

　アダムとイヴの「失楽園」をテーマにした絵画や彫刻は美術史上数多くありますが、そんなパンティオロジー的妄想をしながらの鑑賞法はいかがでしょう。作品がぐっと身近に感じられることだけは、まちがいありません。

＃Ｐ０２１

白なので気を遣って
夜になってからはくように

2015年5月取材
29歳／いて座／Ａ型
フランス、パリ生まれ、パリ育ち
フランス国籍／パリ18区在住
アーティスト
フランス人男性と婚約中、交際約3年
所有数 15枚程度

　　セクシーになりたいとき、**恋人をドキリとさせたいとき**に購入することも多い。そのとき持っているパンティの状態にもよるが、購入するのは年に1回ぐらい。パンティは常にセクシーであるように心がけている。

　　穴が開いてしまったときやゴムがダメになってきたとき、ゆるゆるの状態が大嫌いなのですぐに処分する。

＊#P032とは親子関係。

#P021-a｜セクシー

3年前に恋人がいなかったころ、セクシーでエレガントなデザインが気に入ってセールで購入。**今夜は男の子を魅了したい、そんな気分のときにはく「魅惑のパンティ」**。白なので気を遣って夜になってからはくようにしている(タイミングが大事)。いずれにしろ、着用している時間はすごく短い……。

#P021_b｜リラックス

1〜2年前にモノプリで見つけた。綺麗なブルーがシンプルでセクシーだったので6ユーロ(約800円)で購入。ふだんから気兼ねなくはける1枚。「リラックスパンティ」でも、**最小限のセクシーさにはこだわりたい**。

#P021-c | お気に入り

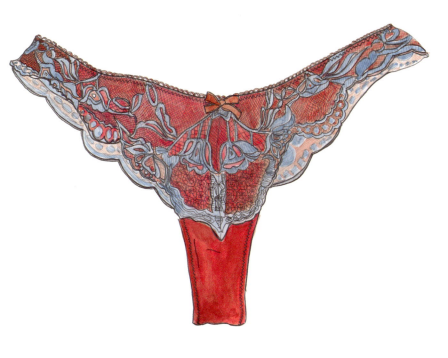

覚えていないぐらい前から持っている。記憶ではH&Mで5〜6ユーロ(約650〜800円)ぐらいで購入。セクシーな気分のときに気軽にはける1枚。白いものよりも気を遣わなくてよいので、旅行に持っていくことも多い。**お尻が色っぽく見える**デザインなのが気に入っている。

#P023

誰かを魅了するためではなく、
自分自身を魅了するために

2015年9月取材
33歳／おうし座／A型
ポーランド、ボガティニャ生まれ、ボガティニャ育ち
ポーランド国籍／ポーランド、ワルシャワ在住
音楽家、音楽教師
フランス人男性パートナーと交際3年目
所有数 33枚

　セクシーになりたいときや、新しい洋服を購入したときに上下セットで購入することが多い。年に4回ぐらい。

　自分の生き方をふり返ってすっきりしたいときに、大量に捨てることも。最近はミニマリストなライフスタイルに改善したいと思っていて、新しく購入した際に古いものを処分するようにしている。

#P023-a | セクシー

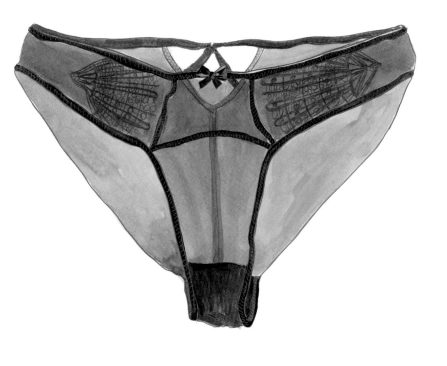

ご く最近購入したもの。今まではTバックがいちばんセクシーと思って買い揃えていたが、最近は自転車に乗る機会が多くなったこともあり、はき心地が悪くなった。また、**セクシーさには、はき心地が必要**と悟り、考え方が変わった。それでも恋人好みの下着を身につけていたいので、この1枚を選んだ。刺繡が大人っぽくバロック・モダンな感じが気に入っている。

#P023-b | リラックス

いちばん心地よいのは**パンティをはいていないとき**。恋人が家に不在で、一人きりでいるときなどオーガニックコットンのスカートのみのことが多い。ちなみに、就寝時には常に何もはかない。

#P023-c｜お気に入り

　今の恋人と出会うずっと以前から持っている1枚。初めて買ったフランス製の高級下着。あまり金銭的余裕がない時期だったが、誰かを魅了するためではなく、自分自身を魅了するために購入した。きっと何かを変えたかったのだと思う。上下セットで購入したのだが、ブラジャーはサイズが合わなくなってしまい、もう着用していない。パンティは今でもその日の服に合わせてはいている。また、少し特別なイベントがある日にはくこともある。

#P024

ドキッとしてもらいたくて
旅先で、夫の目の前で購入

2015年6月取材
49歳／かに座／血液型不明
フランス、ヌイイ シュル セーヌ (パリ近郊)生まれ、パリ育ち
フランス国籍／シャンピニ シュル マルヌ (パリ近郊)在住
アーティスト、ビジュアルアート講師
フランス人男性パートナーと結婚16年目
子ども2人(長女、長男)
所有数 約30枚

　自分にご褒美をあげたいとき、**綺麗な気分でいたいとき**、特に夏と秋に購入することが多い。ゴムが伸びてしまったものをとっておくのは気持ちが悪いので、古くなってしまったもの、穴が開いてしまったりしたものを、日頃から処分している。春の大掃除の際にまとめて処分することも。

#P024_a｜セクシー

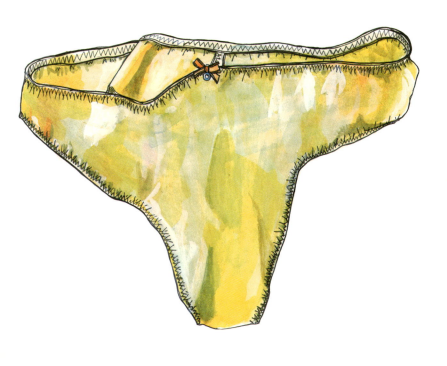

バルセロナへ夫婦で旅行したときに衝動買いで。久しぶりのふたりだけの旅行だったので、ドキッとしてもらいたくて夫と一緒にいるときに目の前で購入した。つるっとした肌ざわりと清楚な感じが気に入っている。イタリアのブランドもので15ユーロ(約2000円)ぐらい。ふだんから白い洋服に合わせてはくことが多い。

#P024-b｜リラックス

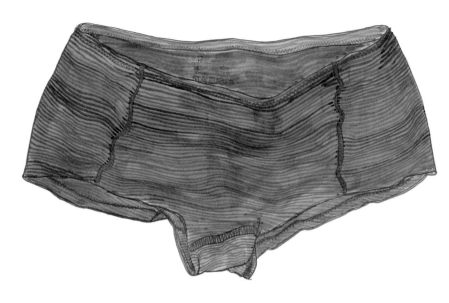

3年前に東京の無印良品で肌ざわりが良さそうだったので購入した。ダンス教室や飛行機に乗るときにはいている。タンクトップとお揃い。

#P024-c｜お気に入り

10年以上前に、セクシーなものがほしくてパリのデパートで購入。値段は覚えていないけれど、プラダだったので高級だった。最近では旅行のときや、家でリラックスしているときにはいている。自分を綺麗に感じる気分の良い日や、**シンプルにエレガントでいたいとき**、また、身につけているものを**そっと脱がして**ほしいときにはいていることも。もう少しそういう機会があったらいいな……。そんなときには、わざわざ足を組んでリビングでくつろぐ感じで本を読んだりしている。

#P030

仕事柄、はき心地が
よいことが絶対条件

2015年6月取材
59歳／やぎ座／O型
フランス、パリ生まれ、パリ育ち
フランス国籍／フランス、サン トゥアン（パリ郊外）在住
薬物依存症者や売春婦などのためのソーシャルワーカー
2年前から特定のパートナーなし
所有数／約30枚

　仕事柄、はき心地が良いことが絶対条件。散歩の途中などで気が向いたときや、偶然見かけて一目惚れしたときにまとめ買いすることが多い。それぞれ5〜25ユーロ（約650〜3200円）ぐらい。

　シーズンごとに購入し、年に2回ぐらいの大掃除のときに処分することが多い。恋人がいたときは**週末に素敵なものをはくように心がけていた**。綺麗な色やデザインが好き。

#P030-a｜セクシー

1年半ぐらい前の夏に、バカンスで訪れたマルセイユのエタム（ランジェリーショップ）で買ったTバック。14ユーロ（約1800円）ぐらい。**小麦色に焼けた肌に映える「夏のパンティ」**。ボーイフレンドに会うときやお出かけのときにはいている。

#P030-b | リラックス

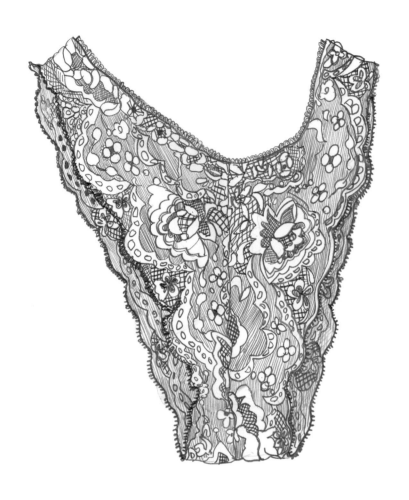

1年ぐらい前に、白いズボンをはくときに身につける白のパンティがほしくてモノプリで見つけた。値段は覚えていない。締めつけない形なのが気に入っていて、特にゴムの部分がとても良い。

#P030-c | お気に入り

数ヶ月前にエタムにて8ユーロ（約1000円）で購入したもの。フリフリに一目惚れした、ふだん使いの1枚。

＃Ｐ０３２

大切にはけば、長持ち。
娘と同い年のパンティも

2015年6月取材
61歳／うお座／Ａ型
フランス、パリ生まれ、パリ育ち
フランス国籍／パリ在住
版画家、版画教室教師
2年前から特定のパートナーなし。 成人した子ども2人（長男、長女）
所有数 20 ～ 30枚

　結婚は一度もしたことがない。

　15年間交際した恋人もいたが、一緒に暮らしたことはない。今まで3人の男性と同棲したが、7年が最長だった。

　長持ちするものをセールのときに常に上下セットで購入する。**胸が大きいのでブラジャーを優先して探す**ことが多い。カジュアルなものは好みではなく、綺麗だなと思うデザインのものを年に5～6枚購入する。Tバックは好きじゃない。

　あまりにもいたんでしまったパンティは処分するが、基本的に好きなものを捨てることができないため、古いものは別荘に持っていき、とっておくようにしている。パンティは、着る服によって選んでいる。

＊#P021の母。

#P032_a｜セクシー

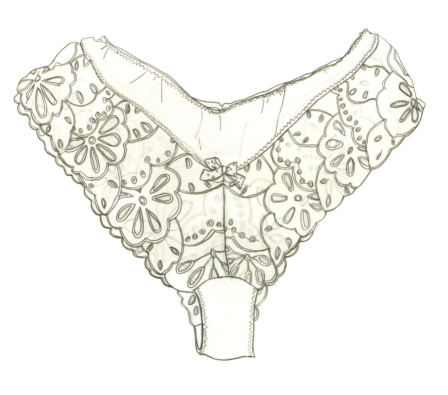

3〜4年前に購入したオーバドゥのもの。50〜60ユーロ(約6500〜8000円)ぐらい。ふだんからはいている1枚。

#P032_b | リラックス

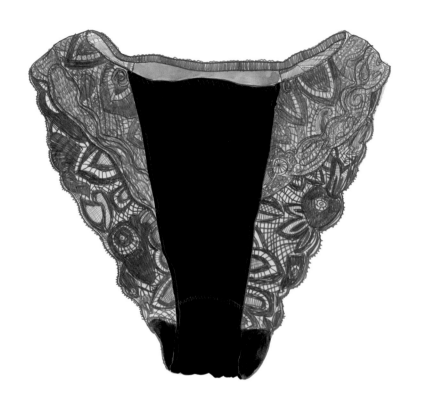

30年前に購入したオーバドゥのもの。値段はそれなりに高かったと記憶している。厚手なので冬にワンピースの下にはくと暖かい。また黒いドレスに合わせて着用することもある。当時流行していたボディ&ガーターベルトも好きだったのでたくさん持っていたが、すべていたんでしまい処分した。残ったのがこの1枚。このころのオーバドゥのものは、しっかりとしていて大切にはけば長持ちするものが多かった。娘と同い年のパンティ。

#P032-c ｜お気に入り

2000年の年明けパーティのためにオーバドゥにて上下セットで購入した「ミレニアム・パンティ」。特別なエピソードはないけれど思い出深い。色も型も好きなので、現在もふだんからはいている。

49

＃Ｐ０３７

古くなったものを油絵の筆拭きに。
使い切りに丁度いいサイズ

2015年7月取材
63歳／うお座／ B型
イラン、ゴリジャン生まれ、テヘラン育ち
イラン国籍&フランス国籍／パリ在住
アーティスト
未亡人。人生で、心から愛する人に出会えたので それだけで十分満たされている。新しい恋など まったく考えていない。子ども2人（長男、長女）。
所有数 15 〜 20枚

　セールの際に何枚かまとめて購入する。娘にプレゼントすること
も。基本的にコットンのものしかはかない。適当なタイミングで処
分するようにしている。持っているものはすべてコットンなので、
古くなったものを油絵の筆拭きに使用することが多い。「やってみ
るとわかるけれど実は使い切りに丁度いいサイズなのよ」

#P037-a｜セクシー

1年ぐらい前、モノプリで10ユーロ(約1300円)ほど。水玉のモチーフが好きでふだんばき用に購入。昔はスリムでそれなりに綺麗だったので、セクシーなものを身につけていたこともあるが、最近は、はき心地を重視したデザインを好んでいる。

#P037_b｜リラックス

大きめのデザインで、しっかりとしていてはき心地がよさそうだったので数ヶ月前に購入したDIM(ディム)のパンティ。2枚セットで約10ユーロ(約1300円)。1枚は娘にプレゼントしてあげた。

#P037-c | お気に入り

数ヶ月前に購入したDIMのシームレスパンティ。10ユーロ(約1300円)ぐらい。外に響かない素材が気に入っている。布が小さいシームレスなものを購入したこともあるが、落ち着かないのであまり好きじゃない。これは、安定感もあってはき心地がよい。

はみ出しパンティ
épisode
#P037

イランの「手縫いのパンティ」

イランの北部で育った#P037さん。その時代は多くの家庭で、女性たちが手縫いでパンティを作っていたらしい。それらは上質の薄い綿の布で作られていて、はき心地がよく、レースなどの飾りも縫いつけられていて、とても美しいものだったそう。

その後、家族でテヘランへ引っ越してからは、既製品を買い与えてもらうようになった。きょうだいは5人、家族内では母と自分だけが女性であったため、貞操的な教育をされて育った。母親の裸を見たことすらほとんどなく、どんな下着を身につけていたのかまるで記憶にない。唯一鮮明に記憶にあるのは、母親が外出する際にコルセットをつけるのを手伝ったことだ。

「初潮を迎えた際には、祖母がお祝いに新しいパンティ一式を縫ってくれました」

男性のなかで育ったため生理とは何かを知らず、ある日、トイレへ入ってびっくりした。慌てて祖母に伝えたところ、頰を思い切りビンタされた。そしてすぐにギューッと強く抱きしめられた。自分の身に何が起きたのか、把握できずにただ呆然としていたのだが、このときの情景は今でも強く記憶に刻まれているそう。

この瞬間をずっと覚えていられるように祖母がとった行動だったのかもしれない。これが果たしてイランの風習なのか、ほかの人と話したことがないからわからないという。

パンティコラム 2

パンティは心の鏡

パンティについて話をすると、たとえ初対面であっても、自然に性や母親との関係の話になることが多いのです。さらに掘り下げて聞いていくと、どういう自分でありたいか、などというふつうは見せない心の内側をさらけ出してくれることもあります。パンティは身体の大事な部分だけでなく、心の大事な部分にも密接に関わった布なのかもしれません。

*

パンティはまた、心を映し出す鏡で、人生という舞台で今どういうシーンにいるかを可視化してくれる装置でもあります。

さらには生活リズムのオン・オフを切り替えるスイッチになったり、その日の気分がコントロールされたり……。

新しい恋をしているときはパンティもウキウキしているし、恋や仕事に行き詰まっているときには、パンティもおざなりになってしまうようです。

*

はき心地、女性らしさ、性的アプローチのどこにこだわり、またはこだわらず、どのように自分を演出するのか。パンティを選ぶ基準は、はく人の社会への関わり方と密接な関係にあるよう

なのです。

それぞれの性格や体型、職業や恋愛・結婚事情、世代、文化圏、心理状況等により、パンティも変化します。

個人差はありますが、大きく捉えると、自分の性的アピールを意識し始める20代は冒険期で、異性からどう見られるかということが選ぶ基準のひとつであるようです。

30代半ば以降になると、充実期。どんなスタイルが自分自身にとってより自然であるかが大事になり、内面の女性らしさを引き立ててくれるアイテムとして考えていることが多いようです。

＊

女性たちはパンティに装飾的な美しさや機能美だけではなく、理想とする人としての美しさも求めているように思います。そしてそれは日々変化していきます。

「こんなにセクシーなものは、はけないけれど、いただきものだからどうしていいかわからない」と困っていたパンティを、3年の月日を経て「余裕ではいている」という人も。時間がたつと心のおきどころが変わるからか、はけるようになることもあるのです。

今日はどのような自分でいたいのか、明日はどんな自分が美しいのか、新しいパンティで、ありたい自分像に変化を与えているのではないでしょうか。

パンティオロジー part2

#P038

#P040

#P046

#P056

#P057

#P058

#P060

#P061

#P063

#P064

#P066

#P038

ジュリアナ東京で、見せるために はいていた「お立ち台パンティ」

2016年7月取材
50歳／さそり座／AB型
宮崎県生まれ、宮崎県育ち
日本国籍／東京都世田谷区在住
公務員（学童保育）、元キャビンアテンダント
日本人男性と結婚21年目、子ども1人
所有数 30枚

　ふだんからはいている10〜20枚のほかに**「隠しパンティ」（勝負パンティ）**を持っている。バブル全盛期にジュリアナ東京に通っていた。当時はキャビンアテンダントで、5000円ぐらいする高級パンティを頻繁に買っていた。

　現在は年に1回、1000円ぐらいまでの安いものを購入している。生地が薄くなってきたり、汚れてきたら処分している。

#P038−a｜セクシー

90年代初め、25〜26歳のころにニューヨークのヴィクトリアズ・シークレットで30ドル（当時約3500円前後）で購入した1枚。ジュリアナ東京で踊っていたころ、見せるためにはいていた**「お立ち台パンティ」**。もうはかないけれど、高級だったものは大事にとってある。これはナマ足のときにはくもので、**ボディコンとの相性は最高**だった。ちなみに冬など寒いときには、ストッキングに布のついたものを直接はいていた。

#P038_b｜リラックス

　春に楽なものがほしくて、ユニクロで購入した1枚。仕事中はジャージでいることが多く、なるべく楽チンなものをはいている。**エッチなのをはいている場合じゃない。**

#P038-c｜お気に入り

21年前の結婚式のときにはいていた思い出の1枚。パリで10000円ぐらいで購入したもの。ラインが響かないので今でもパーティのときなどにはくこともある。

#P040

夫も喜ぶ「ハッピーパンティ」
夫を笑わせる「ジョークパンティ」

2015年11月取材	
42歳／みずがめ座／O型	
アメリカ、アラバマ州生まれ、アラバマ州育ち	
アメリカ国籍／アラバマ州ディケーター在住	
野生動物保護・飼育の仕事	
アメリカ人男性のミュージシャンと結婚16年、交際26年目	
所有数 25枚ぐらい	

　胸が大きいためブラジャーはそれなりに良いものを選んでいるが、パンティは1枚7ドル（約800円）ぐらいのものが多い。3ヶ月ごとに新しいパンティに買い替えている。ゴムが伸びてしまってフィット感が弱くなったものはずり落ちそうなので割とすぐに処分をする派。ものごとは確実なほうが良い。

　ファンシーなものや、セクシーなランジェリーを探しているときに行くお気に入りの店はあるが、日常使いのものは気にせずはける手軽なものを。セクシーな下着は上下で揃えている。お尻もグラマーなのでタイトスカートのときVPL*にならないよう、ガードルも持っている。

＊VPL（Visible Panty Line）とは、ボトムにパンティの線が著しく響いて出てしまっている状態を表す米語のスラング。男性は知らない女同士の合言葉らしい。

#P040−a | セクシー

2年前にパリで色が好きで買った1枚。上下合わせて35ユーロ（約4500円）ぐらいだったと思う。夫も喜んでくれる「ハッピーパンティ」。お互いに忙しいのでまだ4回ぐらいしかはいていないが、時間をつくって夫とデートするときにときどき身につける。このような特別なパンティは7〜8枚持っている。Tバックが苦手なため**本当にスペシャルなときにだけ、ギリギリのタイミングではいている。**

#P040_b | リラックス

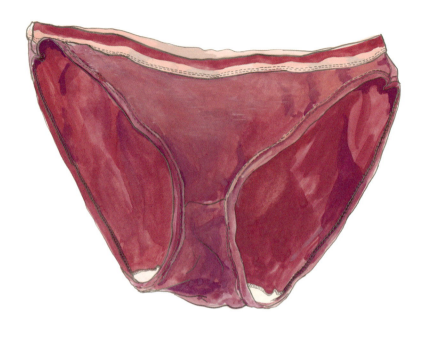

　1ヶ月前に必要に迫られてコールズ（アメリカのデパートチェーン）で購入したセールもの。5枚で30ドル（約3500円）ぐらいだったと記憶している。日常使い用。仕事のときは鍵や携帯電話などいろいろなものをベルトのループにひっかけてフィールドに出ていることが多いので、ズボンが下がる。このパンティはローウエストなので仕事のときに丁度いい。何事においても**便利で機能的であること**がモットーなので、**気に入っている**パンティ。

#P040-c | お気に入り

　夫を笑わせたいときにはく「ジョークパンティ」。1年ぐらい前 メイシーズ（アメリカのデパートチェーン）で星に惹かれて選んだ1枚。6ドル（約700円）ぐらい。アラバマを歌ったジャズのスタンダード『Stars Fell on Alabama（アラバマに星堕ちて）』を彷彿させるモチーフなのと、大きくておばあさんのパンティみたいだから、ミュージシャンの夫ははくと必ず大笑いして、この歌を歌ってくれる。

#P046

一緒に買うと、ふたりの思い出のパンティになる

2016年7月取材
26歳／しし座／B型
フランス、パリ生まれ、ユゼス育ち
フランス国籍／パリ在住
ウェイトレス。以前は法律関係の仕事
フランス人男性と交際3ヶ月
所有数 70枚ぐらい

パンティは素敵なものを身につければ、気分良くさせてくれるアイテム。

1ヶ月に1回は購入している。パンティの値段は30〜80ユーロ（約4000〜10000円）ぐらい。上下合わせるようになったのは最近。

色褪せてしまったり、汚れてしまったりしたら処分しているが、捨てるのは好きじゃない、なるべくとっておきたい。

趣味の乗馬をするとき、働くとき、恋人と会うとき、そのときどきに合ったパンティが必要。仕事のときは、はき心地重視だが、それ以外のときはさらに素敵なものがいい。家に帰ったらはき替える派。シンプルなものからブランドものまで、**パンティで生活リズムのオン・オフを切り替え**ている。

今の恋人も下着が好きなので一緒に買い物に行くのがとても楽しい。選ぶ楽しみと、はいた姿を想像する楽しみ、そして1枚のパンティにふたりの思い出がつくれるから、そういったことをするのはカップルにとってとても重要だと思う。このせちがらい世のなか、**自分を綺麗に感じることは大切**だと考えている。

#P046-a｜セクシー

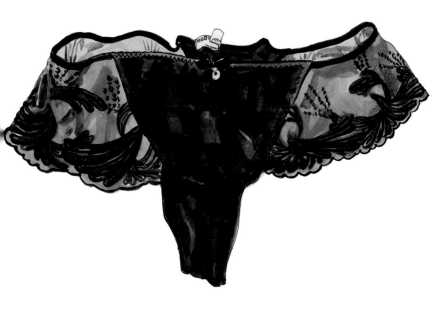

6ヶ月前に30ユーロ（約4000円）ぐらいで買ったヴァレージュのもの。Tバックで、レースやデザインがセクシーなところが気に入っている。パールがついているのもとても好き。休みの日などにはく。特にベッドで服を脱ぐときは、すごく良いムードになる。当時つき合っていた男性もとても気に入っていた1枚で、初めてのお披露目では**特別に濃厚な夜を過ごした。狙ったとおり「必ず効果ありのパンティ」**。

#P046_b｜リラックス

1年前の春にエタムで45ユーロ（約6000円）ぐらいで購入。長くてつらい冬が終わってようやく暖かくなってきたときに、気分転換に買った花柄の1枚。シルクの混ざった感触が肌と似ていてはき心地がよく、モチーフも気に入っている。楽しい気持ちになる**「元気パンティ」**。

#P046-c｜お気に入り

　しし座ということもあって、自分のなかの野性的な部分を意識して買ったヒョウ柄。1年ぐらい前にアンディズで25ユーロ（約3500円）ぐらいで購入。ふだんから恋人の私物を身にまとっている感じが心地よくて彼のパンツをはいたりすることがあるので、ボクサータイプは好きな形。休みの日にはく「**ホームパンティ**」。トップスは適当なものを着て、下はこのパンティだけでいることが多い。先日、小包の配達があったときにうっかりTシャツとこのパンティで出てしまった。配達員はびっくりして凝視していた。

#P056

オブジェとして手元に
置きたくて購入することも

2017年5月取材

42歳／かに座／B型

東京都生まれ、東京都育ち

日本国籍／東京都渋谷区在住

アートディレクター

日本人男性と結婚3年目、子ども1人

所有数 15枚

　旅行に行くタイミングで購入することが多い。また仕事上関わりのあるブランドのものなどは、身につけるためではなく、**オブジェとして手元に置きたい**ので購入することも。かける費用は1000～5000円ぐらい。

　ふだんから断捨離をしているので、新しいものを購入したら処分するタイプ。

　ランジェリーが好きなので、可愛い靴を見つけたときと同じような感覚でファッションの一部として楽しんでいる。**フェティッシュなものが特に好き。**

#P056−a｜セクシー

　数年前、パリのプランタンで見つけたエージェント・プロヴォケイターのもの。ヴィヴィアン・ウエストウッドの息子が手がけるこのブランドが好きでタイツなども同時に購入した。それなりの値段だったと思う。パーティのときなどに2～3回はいた。

#P056_b | リラックス

1年ぐらい前にアメリカンアパレルで購入したふだん用の1枚。落ち着くので基本的に下着は黒で揃えている。

#P056-c | お気に入り

プチプラで柄が可愛かったので、2年前にトップショップで購入。日本にはないものなのでお気に入りで大事にはいている。Tバックでアウターに響かないため、夏や薄手の装いの際に着用している。

#P057

ケニアは虫も多かったから
パンティは守ってくれる存在

2017年5月取材	
44歳／しし座／O型	
ケニア、ナクル生まれ、11歳までナクル、その後フランス育ち	
ケニアおよびフランス国籍／フランス、マルゴー在住	
インテリアデザイナー、CGアニメーション・クリエーター	
1年前よりパートナーなし、シングルマザー（長女）	
所有数 30枚	

　はき心地重視のものは必要に迫られたときに購入し、お気に入りのものはショッピングの際に一目惚れして購入することが多い。基本的に上下セットで揃えているが、パンティだけ買うこともある。1枚の価格は10〜15ユーロ（約1300〜2000円）ぐらい。

　出産も含めここ数年人生にいろいろと変化があり、パリからケニアへ、ケニアからマルゴーへと引っ越しも多かった。以前は100枚ぐらい持っていたパンティも、移動のたびに処分したのでだいぶ減った。破れてしまったり、汚れてしまったり本当にダメになったら処分している。

　妊娠をきっかけに体型が変化したこともあり、選ぶパンティも大きいサイズが必要になった。それまでレースが多かったが、出産以来肌ざわりの良いコットンが半分ぐらいを占めている。

　パンティは守ってくれる存在。子どものころ育ったケニアでは虫も多く、夜の間も守ってくれる必需品だった。この習慣が残っているからか、今でも眠るときには必ず身につけている。

#P057—a｜セクシー

2年ぐらい前にパリで買ったシャンテルのもの。10ユーロ（約1300円）ぐらいだった。ハイウエストのものがほしくて選んだ1枚。当時はお尻も小さくて綺麗な形をしていたのでこのパンティがよく映えた。「今日は何かあるかなぁ」という日に用意していて「そろそろかなぁ」というタイミングではき替えていた。これを買ったときはコキンヌ（小悪魔的ないたずらごころ満載）の時期だった。浴衣のようなものを着てその下にこれをはいて遊女ごっこを楽しむと、当時の彼も喜んでくれていた。

#P057–b │ リラックス

　早産で慌てて入院したため準備もできず、病院で支給される大きなパンツしかはけない日が続いた。手持ちのパンティもレースのものしか持っていないことに気がつき、はき心地のよいコットンのものを求めて、急いで見つけた7ユーロ（約900円）の3枚セット。セクシーじゃないシンプルなコットンがほしかったので、**心身ともにリラックスできるもの**をようやくはけたときは嬉しかった。最近は子育てで家にいるので毎日のようにはいている。

#P057-c | お気に入り

5年ぐらい前に日本に旅行したときに渋谷で見つけた1枚。総レースなので気に入っている。ぴょんと出ているお尻を包んでくれる形で、はき心地もよい。サニタリーとして使えるのもいいところ。

#P058

寝るときは専用のパンティに。
わたし流リラックススタイル

2017年6月取材
36歳／みずがめ座／A型
フランス、ブルターニュ地方 サンブリユー生まれ、パリ育ち
フランス国籍／ヴェルヌイユ(パリ郊外)在住
おもちゃ会社社長
2年前よりフランス人男性パートナーと事実婚、 子ども1人(長男)
所有数 40枚

　引っ越しを機に最近30枚ほど処分し、現在40枚ほど持っている。それぞれに思い入れがあり、はかなくなったものでも、まだ綺麗で思い出深いものは大事にとっている。**年に一度、処分する日を設けて整理**すると気持ちが良い。

　上下セットで揃えず、コーディネートする派。すでにたくさん持っているのでなるべく買わないようにしているが、一目惚れしたものや旅行の思い出に購入することが多い。1枚およそ15～20ユーロ（約2000～2600円）。

　基本的にまずは自分自身のために選んでいる。自分がはいていて心地のよいもの、**気分が高揚するもの**を。男性は意外に女性がどのような下着が好きなのかを知らないのだと思う。たいていはあまり見ずにすぐに脱がすし……。もちろん、人によると思うけれど、そんなに気にしない男性が多い気がする。

#P058-a｜セクシー

10年ほど前に当時の恋人が下着フェチだったため購入した、エージェント・プロヴォケイターのもの。50ユーロ（約6500円）ぐらい。股の部分が開くデザインで「ビッチパンティ」と密かに呼んでいる。ある男性と恋に落ち、出会って間もないタイミングで遊び半分ではいたらすっかり誤解されてしまい「芸術系のワークショップだから」と、Shibari（緊縛教室）に強く誘われてしまった。いろいろと違ったのでその男性とはすぐにお別れした。以前は特別なときにはいていたが、現在のパートナーはコットンのプチバトー派なので、今のところ着用する予定はなさそう。

#P058_b｜リラックス

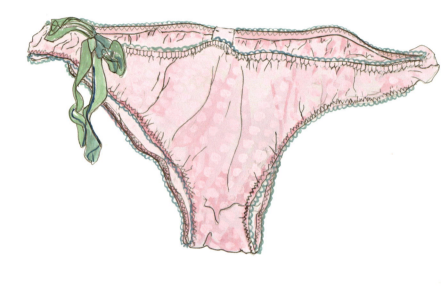

17年ぐらい前エタムで7ユーロ（約900円）ほどだったと記憶している。色とリボンがマカロンみたいに女の子っぽいイメージなのが気に入って購入した。かなり「ぶりっ子」なデザインだが、とてもはき心地が良いので、寝るときだけに着用する「おやすみパンティ」となった。ふだんから寝るときは専用のパンティにはき替える。これは大人になってから編み出した「わたし流リラックススタイル」。妊娠中にも愛用していて、ある夜このパンティをはいて寝ていたら産気づき、そのまま出産へ。そのときのことを思い出す大事な1枚。

#P058-c｜お気に入り

10年ぐらい前、モンマルトル通りのサンドロにて、素材や色が素敵だったのでキャミソールとセットで購入。セットで約40ユーロ（約5200円）。特別なお出かけのときにはく1枚。

はみ出しパンティ
épisode
#P058

コケティッシュおばあちゃんのパンティ

#P058さんの祖父がアルコール依存症の末に亡くなったのは、祖母が60歳のときだった。夫の生前によっぽど苦労をしたのだろう、祖父亡き後の彼女は、心底自由を謳歌するように生きた。

ボーイフレンドは絶えることがなく、彼らを喜ばすためにガーターベルトやレースのものなど、魅惑的な下着を揃えるようになった。高齢だった恋人たちもそれぞれの寿命を迎え、一人また一人と亡くなっていった。

「それでも祖母は常にコキンヌ（小悪魔的）でした。気が向くと、当時7〜8歳だった私

に下着コレクションを見せてくれました。『これはこうやってはくのよ』とか『こういうのがセクシーなのよ』と、いろいろと教えてくれて……。

でもある日、この秘密の時間が父にバレてしまって、祖母はひどく叱られたみたい。一緒に過ごすこの特別な時間はワクワクしてとても好きだったのにね」

＊

#P058さんの下着に対する愛着やアプローチはこのお祖母さまの影響が少なからず残っているように感じた。

パンティコラム 3

「サービスパンティ」の日

「彼の好きなパンティと全然趣味が合わないんだよね」という話を聞くことはよくあります。男が好きなパンティと女が好きなパンティにはどうやら大きな違いがあるようです。

　身も蓋もありませんが、結論から言ってしまえば女性はパンティをいかに身につけるかを考え、男性はパンティをいかに脱がせるかを考えているからではないでしょうか。

＊

　女性はその日のイベントによって洋服とランジェリーを決めることが多いようです。

　デートの日は特に慎重にTPOを考え、選びぬいた1枚を身につけます。お肌のお手入れや髪のケアなど、それなりのいろいろな準備をしたうえで。

＊

　男性にとってはこの小さな布が性器に触れるものであることから、パンティ＝性に直結しているものと捉えているようです。

　ランジェリーフェチの男性いわく、パンティにたどり着くまでの行為がファンタジーであり、なるべくそれまでの時間を楽しみたいのだとか。隠されていることに意味があり、より妄想が膨らむ。どのように隠されているかにロマンがあり、気持ちが昂ぶるのだそうです。

また、ランジェリーにはまったく興味がないと言う男性が多い
のも事実です。興味があるのは、あくまでその先。パンティは
通過点なのです。

*

　いずれにしろ、これはどこまで行っても平行線の永遠のテー
マ。パンティオロジー研究者としては、溝を埋めるのではなく歩
み寄ることを提案したいと思います。

　男性は、たとえ興味がなくてもまずは褒めること。「いいパンティ
だね」ではなく、「それをはいている君が素敵だよ」と。褒め
ることで、女性はすごく喜んで、その先のあれこれもスムー
ズに運ぶかもしれません。多少の例外はあるにせよ。

　たとえば#P063さん。「新しいランジェリーを購入したら身
につける前に見て見てこんなの買ったよ！　と、すぐに見せたく
なっちゃうの」。長年一緒に暮らしている彼もランジェリー好き
で、綺麗なものをはいていると褒めてくれるそうです。それでも
積極的にこれをはいてほしいなどとは介入してこないのでちょうど
よい距離感なのだとか。「官能的な下着をはいている私のこと
が好きなのではなくて、適当なものをはいていても気にしないか
ら、私自身を本当に愛してくれていると実感できて嬉しいの」と
教えてくれました。

*

　そして女性は、たとえ自分の趣味でなくとも彼氏の憧れのパ
ンティをはいてあげる「サービスパンティ」の日をもつこと。新
鮮な自分に出会え、喜んでくれる彼氏と意外に楽しい時間が
過ごせるかもしれません。

はみ出しパンティ
épisode
#P060
#P061

恋愛観とコットンパンティ

「コットンのパンティをはいている女の子は可哀想だと思うの」。#P060さんは、前の夫と別居したタイミングで下着の趣味が変わったとのこと。綿のものは一切はかず、レースのものなど女性らしいランジェリーを身につけるようになったとか。

「男の人は国籍関係なくエッチで、たいていレースなどセクシーなのが好き。そういう人じゃないと男としてダメだと思う」

出会った男性のなかにはパンティを買ってくれた人もいたけれど、趣味の悪いエッチなものばかり。ミニスカポリスのコスプレセットに紐パンがついていたことも。「結局はいたことはないけどね」

彼女にとってパンティは消耗品。自分の好きなものを、お手頃価格で揃えるのが今のライフスタイル。そして独身でいるといろいろ

な人に出会えるから、しばらくは一人でもいいと恋愛を謳歌しているのです。

いっぽう、コットンのパンティがいちばんナチュラルなのでセクシーだと言うのは#P061さん。フランス人の男性はプチバトーなどのコットンが好きな人が多い気がすると言います。おそらく純粋でナチュラルな女性が好まれる傾向にあるからだと。

現在おつき合いしている彼はオールドスタイルのアメリカ人。繊細なものが好きでレースをはくと喜ぶそう。「アメリカ人のフランス文化に対する憧れがあるのだと思うの」

＊

恋愛観もセクシーと思うパンティも人それぞれに違うけれど、パンティと恋愛はやはり密接な関係にあり、女性たちにはそれぞれの哲学があると、取材するたびに感じる。

85

＃Ｐ０６０

新しい下着は綺麗な状態で
脱がしてもらいたくなる

2017年6月取材
46歳／てんびん座／B型
愛知県豊田市生まれ、豊田市育ち
日本国籍／フランス、パリ19区在住
シャンパン醸造会社勤務、ブランドマネージャー
フランス人男性と18年前に結婚。 のちに離婚、子ども1人（長男）
所有数 15枚

　共同親権のため、子どもが2週間ごとに近くに住む父親、母親宅を行き来している生活。現在特定のパートナーはいないが、くっついたり離れたりと、恋愛を謳歌している。

　年に2〜3回、セールのときや彼氏ができたときに購入することが多い。また、散歩していて何か買いたいときに下着を購入することも。最近はH&Mの色物がお気に入りで、基本的に上下セットで揃えている。新しい下着は綺麗な状態で脱がしてもらいたくなる。**これをはいてちょっといいことしたいな**、と思う。

　バックパックの旅をするときなどに現地で処分しようと、古いものを持っていくが、結局持って帰ってきてしまうことも。所詮パンティ1枚なんて軽いから。

　長くつき合っていたボーイフレンドが裸で寝る人だったので、その影響で眠るときは、はかない派。一人で寝るときはダラダラのワンピースだけのことが多い。

#P060-a | セクシー

1年前ぐらいに購入したH&Mのデザイン。アウターに響かないから好き。レースが周りについているのが面白い。**カチッとした洋服を着るときにはTバック。**

#P060_b | リラックス

[#P060_a]と同じタイミングで購入。赤いブラジャーのときに着用している。柄物は合わせるのが大変なのでほとんど持っていない。

#P060-c | お気に入り

す ごく昔にH&Mで購入した1枚。

#P061

恋人との思い出が特にあるのは
セクシーなレースのパンティ

2017年6月取材	
29歳／やぎ座／A型	
フランス、ヌイイ シュール セーヌ（パリ郊外）生まれ、パリ育ち	
フランス国籍／パリ16区在住	
モード系ジャーナリスト	
シングルマザー（長男）。2年前に長男の父親と離婚。アメリカ人男性と交際3ヶ月。	
所有数 30枚	

　ランジェリーがすごく好きだから、新しい彼ができたとき、失恋したとき、何かあるたびに購入している。家族がいるイスラエルやアメリカ、イタリアなどへ**旅行に行った際に思い出**に買うことがよくある。1枚5〜30ユーロ（約650〜4000円）ぐらい、ブラジャーとセットではなく上下バラバラで買うことが多い。1枚1枚それぞれに思い出があって手放すのが難しい。ある人とのセックスの思い出、忘れてしまいたい嫌な思い出、つらい生理の思い出などパンティそれぞれに思い出があるが、恋人との思い出が特にたくさんあるのはセクシーなレースのパンティ。

　パンティは女のアイデンティティ。特別で大切なもの。女優のモニカ・ベルッチが**「素敵な下着をはいていると一日気分良くいられる」**と言っていたのが印象的だったので、そのように心がけている。

#P061-a｜セクシー

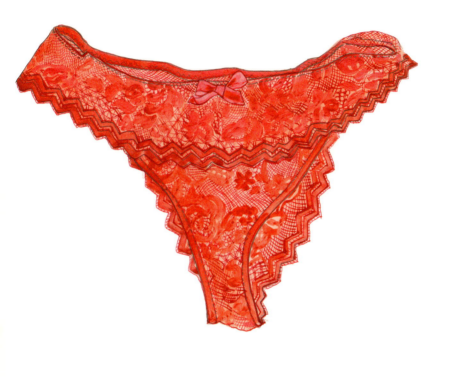

彼に会うときにはく。ちょっと焼いた肌の色によく似合う1枚。イスラエルに住む10歳年上の姉が自分には少し大きかったからとくれた未使用のお下がり。アンディズで10ユーロ（約1300円）ぐらいのもの。貰ったのは失恋して落ち込んでいたころだったが、その後すぐに今の彼に出会ったので「ラッキーパンティ」となった。

#P061_b｜リラックス

　春に失恋したときに元気を出すために買った、エタムの3枚セットの1枚。セットで20ユーロ（約2600円）ぐらいだった。可愛いけれどしっかり守ってくれる感じが好きで、ミニスカートのときや生理のときにはく。失恋した相手がイギリス人だったから、チェック柄を身につけると見るたびに思い出してしまいそうで、当時ははけなかったけれど、**今は次の恋愛を楽しんでいるので気にせず喜んではいている。**

#P061-c｜お気に入り

2015年の12月に買ったプチバトーのもの。とても好きなデザインでカラーとともにシンプルではき心地がよい。コットンだけど身につけるとレースよりもセクシーだと思う。彼に会うときや生理になりそうなときなど、どんなときにでもはける1枚。16歳用のサイズでタグに「16 ans」と書いてあるのが思春期っぽくて好き。16歳のときにつき合っていた元彼と再会してキスをした去年（今は友達）もこれをはいていた。とても**素敵な思い出のある1枚**となった。いつもはいているので丁寧に洗濯して綺麗にしている。

#P063

下着にお金をかけることが
楽しくなってきた

2017年7月取材
32歳／みずがめ座／O型
フランス、リヨン生まれ、リヨン育ち
フランス国籍／パリ14区在住
ジャーナリスト、テレビ・ラジオのアナウンサー
フランス人男性と交際12年目。パックス婚。結婚は重々しい契約のような気がするし、する理由が見つからないのでしていない。
所有数 20枚

　パンティは女に自信を与えてくれるアイテム。常にはき心地がよいものを選ぶようにしている。色やデザインが素敵なものは元気になりたいときや、自分へのご褒美として買うことが多い。学生のときはあまりお金がなかったので上下セットでは買えなかったが、この2年ぐらいで素敵な上下を揃えることが経済的に可能になった。パンティ1枚にかけるのは5～80ユーロ（約650～10000円）程度。

　経験と年齢を重ねて下着にお金をかけることが楽しくなってきた。**パンティは、私だけが知っている秘密**、私自身のためのもの。それが楽しい。

　早朝の報道番組のアナウンサーという仕事柄、昼夜が逆転している。0時30分に起きて午前10時ぐらいまで仕事、その後自分の時間をとり夕方に就寝。このリズムで生活するようになってから、仕事モードとプライベイトタイムとを切り替えられるよう、寝るときは黒いコットンのパンティにはき替えている。彼とのふたりの時間は日中なので、いつも心身ともに良い状態にしていたい。

#P063-a｜セクシー

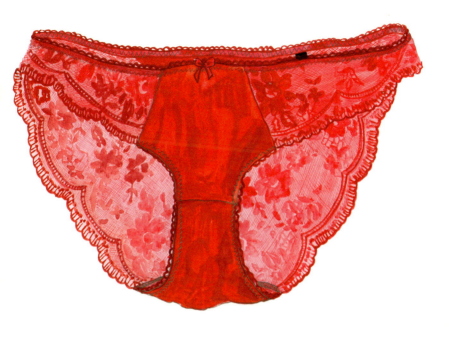

5ヶ月ぐらい前にギャラリーラファイエット（フランスのデパート）で上下200ユーロ（約26000円）ぐらいで購入したオーバドゥ。パンティは80ユーロ（約10000円）ぐらい。以前に同じブランドの黒を買ったことがあって、ブラジャーがとても良かったのでリピート。売り場の担当の人に、カレ（フランス北部ブルターニュの町）のレースだと聞いて、**ジャーナリスト精神が働いた**。カレのレースは、現在なくなりつつあるフランスの伝統技術。きちんとしたものにお金を使うことに意味がある。お出かけやイベントがあるときは上下セットで身につけることが多い。彼を喜ばせてあげたいときにもはいている。きっと気がついてくれているけれど、特に何も言わないのだと思う。

#P063_b｜リラックス

1年ぐらい前に買ったMUJIのもの。黒いコットンはたくさん持っていて、リラックスの定番。気持ちが良いし、環境のことを考えたオーガニックコットンというところも気に入っている。サイズ感もちょうど良いからとても好き。ふだんばきと寝るとき用。

#P063_c｜お気に入り

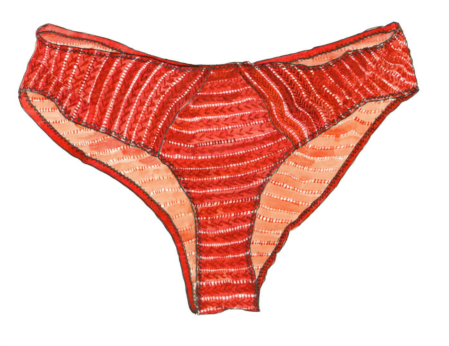

1年ぐらい前に、色が気に入って上下セットで購入したプリンセス タム・タムのもの。自分に合ったカラーで、身につけると肌がパッと明るくなる。パンティのデザインも、テキスタイルも好き。リラックスもできるし、お出かけ用にもなるからとても気に入っている。夏のセールで上下50ユーロ（約6500円）ぐらいだった。その日の洋服のカラーに合わせてはくことが多い。

#P064

同級生がアメリカで買ってくれた
「思い出パンティ」

2017年10月取材

55歳／やぎ座またはみずがめ座／AB型	
埼玉県和光市生まれ、和光市育ち	
日本国籍／東京都渋谷区在住	
CMディレクター、映像関係の仕事	
日本人男性のパートナーあり、交際8年目	
所有数 50枚	

　パンティは捨てないタイプ。穴や汚れの目立つものは、綺麗に洗濯してから床を拭いたりするのに利用後、処分している。猫を飼っていて、膝に乗せたときに爪とぎされるとパンティにまで穴が開いてしまうことも。

　昔はたくさん買っていた。今は体型が変わったときに購入することが多い。いろいろな人に**見せる**機会がなくなって、**はき心地のよいものを**購入するようになった。

　1枚にかける値段は200〜4000円。

#P064-a｜セクシー

10年ぐらい前にタイのデパートで出合った1枚。当時、『源氏物語』の光源氏のモデルとなった人の末裔といわれる男性を好きになり、その人を想いながら購入し、のちにデートをしたときに身につけていた。デザインと手ざわりが柔らかいのが良い。セットアップで10000円以上。当時のタイは、高級品とそうでないものとの格差が激しかった。

#P064-b | リラックス

8年ほど前にアメリカのテネシー州、ナッシュビルにあるアウトレット・ショッピングモールで買ったヴィクトリアズ・シークレットのもの。500円もしなかった。暖かいときはこの1枚で家にいることもある「ホームパンティ」。

#P064-c｜お気に入り

10年ほど前にアメリカで見つけた1枚。250円ぐらいだった。30年ぶりに再会した小中学校の同級生に再び会うべく中部アメリカまで旅をした際に、その友人が何でも買ってあげるよと言ってプレゼントしてくれた「思い出パンティ」。当時流行っていたガールズブリーフ。

#P066

脱いだとき床に落ちていても
可愛いと思いたい

2017年10月取材

50歳／おとめ座／A型

東京都豊島区池袋生まれ、池袋育ち

日本国籍／東京都目黒区在住

アパレル関係

1年前よりパートナーなし

所有数 50枚

　旅や出張で海外に行った際に、上下揃えて買うことが多い。身に
つけるときにコーディネートを楽しんでいる。

　ひとつの作品を購入する感覚で、良いと思ったら値段は気にしな
い。**洋服を買うときより罪悪感が少なく、満足度も高い。**安い服を
それなりに着こなすのは簡単だが、ランジェリーで安っぽいものは
嫌い。パンティは肌に直接身につけるものなので、さわり心地やデ
ザインが繊細でないとダメ。お金をかける意義がそこにある。

　母から「いつも綺麗なものをはいておけ」と言われて育ったので
古くなったものは「ありがとうございました」と**感謝をしたあと、
処分**している。就寝時は足がむくまないように下着はつけずネグリ
ジェやコットンワンピースなどを着ることが多い。

　ランジェリーデザインの仕事に携わっていたのでパンティは、
ファッションの一部と考え、楽しんでいる。下着にもTPOがあり、
洋服と密接な関係にある。日本では体型補正の意識が強いが欧州で
は楽しむ文化があり、欧州の考え方が好き。**「下着で遊ぶ夜があっ
てもいいんじゃない?」**

#P066-a｜セクシー

2〜3年前に香港の空港で購入したラ・ペルラ。上下で40000円ぐらいしたと記憶している。上質なレースの仕上がりで締めつけ感がなく、アウターに響かないので日常的にカジュアルな感じで身につけている。着用するとベージュの部分が透けて、横の部分に黒のラインが2本出るのが美しい。H&Mやザラなどのカジュアルな装いの日に「ランジェリーがラ・ペルラ」というギャップがとても好きで楽しんでいる。**私しか知らない自分だけの楽しみ。**でも、彼氏には褒められたい。身につけても可愛い、脱いだときに床に落ちていても可愛いと思いたい。洗濯にも気を遣い、ザ・ランドレスというブランドの専用洗剤を使っている。手のこんだものは干すときにも「悦」に入ることができる。色ごとに並べてグラデーションにして干して楽しむことも。

#P066_b | リラックス

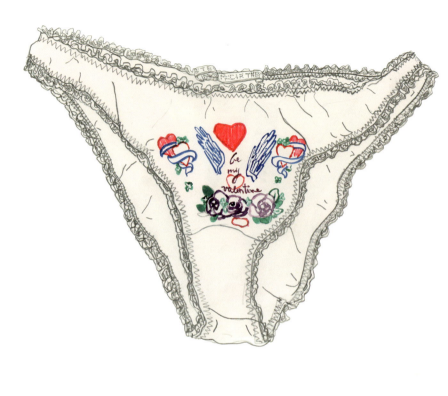

6年前にラスベガスに出張の際に購入したステラ・マッカートニー。6000円ぐらいだった。これはバレンタインのモチーフだが、ほかにもいろいろある。綿シルクは繊維が細いため華奢で上質。繊細な刺繍や、レースも好き。横が細いデザインが大人っぽくて良い。ブラジャーはお揃いではないので、ノーブラでいられる日に身につけたり、休みの日にシャワーを浴びたあと、「さて今日は何を着ようかな」というときにはく。

#P066-c｜お気に入り

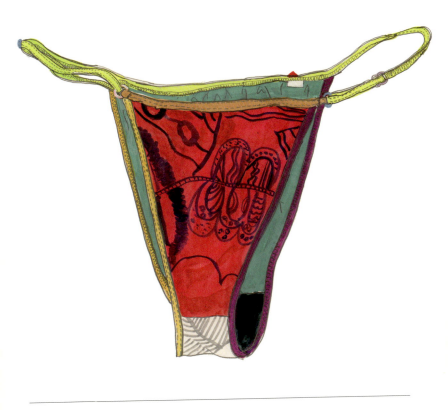

1年ぐらい前に購入したホォアナ デ アルコ。ふだん用でいちばん多く揃えているブランド。ブラジリアンカットの同じ型を15枚以上持っている。ひもの部分がピンクだったり、柄も黒レースや花柄などシーズンごとに変わる定番の型。**1枚ずつ柄の出る部分が違うので**コーディネートが楽しめる。夏場にすごく良く、選ぶ楽しさもある。はき心地もライト。カラーバリエーションが珍しく、新しいシリーズがどんどん出るので楽しい。子どもっぽくないから好き。

パンティコラム 4

フランスの男と女とランジェリー

　筆者は学生時代からフランスで生活してきました。今もパリと東京を行き来しています。

　フランスでの生活を長く続けているうちに、男女の性の関係というものが、プライベートなものではあるけれど、恥ずかしいことでも、隠すべきことでもないという考え方に慣れてきました。

＊

　60代のフランス人女性とキッチンで洗い物をしているときに、近所の60代後半のご夫妻の噂話になったことがありました。「別居するらしいのよ」から始まって、旦那さんのどういうところが難しくて奥さんが別居を決断したかを教えてくれました。「それでね、あのふたり夜の関係がないって言っていたの。それじゃもう難しいわね。だって身体の関係を保つことはとても大切なことでしょう」

　皿洗いの後片付けをしながら、そんな言葉を聞いて驚きました。60代の女性がまだ32、33歳だった私にそこまで赤裸々な話をしてくるとは。そして、その年齢の長く連れ添った夫婦間にいまだに性の関係が保たれていることがふつうとされているのも衝撃的でした。

106

一般的に夫婦はいつまでも身体の関係があることが重要とされている文化なのです。そうなるとパンティの趣向も変わってくるのかもしれません。

*

　フランスではランジェリー売り場に男性の姿を見かけることもあります。最初はびっくりしましたが、よくあることなので、すぐに慣れました。

　ある日、70代くらいの髪をふわりとセットした小麦色の肌の小柄なおばあさんと、チェックのシャツを着て眼鏡をかけた白髪の痩せたおじいさんが一緒に下着を選んでいる場面に遭遇しました。ふたりはとても嬉しそうにショッキングピンクのレースの上下セットランジェリーを買い求めていきました。その姿は凛としていて、何しろ楽しそうで素敵で、強く印象に残っています。日本ではあまり見ることのない光景ですね。

*

　日仏の違いといえば、日本人とフランス人の国際結婚夫婦では、子どもと添い寝をするかどうかが大きな論点になります。

　子どもはなるべく母親の近くで育てるのが理想的とされている日本の考え方と、幼児のころから一個人として考えるフランスの習慣。フランスでは添い寝は最もしてはいけないことなのです。大人の時間と子どもの時間があり、母親であってもまずは女性であることが大切。年齢も関係はありません。だから添い寝は

107

ダメですが、夫婦は一生同じベッドで寝ています。

*

　ちなみにフランスの婚姻制度には、結婚、#P063さんのパックス婚、#P058さんの事実婚があります。

　結婚は宗教的な考え方もあるため、手続きも面倒で、離婚にも弁護士をつける必要があるなど大変ですが、社会保障や財産分与はいちばん充実しています。

　パックス婚は1999年にできた制度で、事実婚と結婚の中間くらい。書類上の手続きで成立し、社会保障等の権利もあります。同性間の結婚が認められなかった2013年より前は、同性カップルがよく利用していました。

　事実婚は、支払い率こそ異なるものの、社会保障を得ることができますが、税制上の保障はありません。このため不動産購入などを機にパックス婚や結婚に踏み切るカップルもいます。

　無宗教主義者の多い世代にとって、結婚は宗教的な結びつきのイメージが強く違和感があるそう。子どもの有無にかかわらず事実婚という形をとる家庭もよく見られます。

パンティオロジー part2

#P068

#P069

#P071

#P073

#P075

#P076

#P077

#P078

#P079

#P085

#P090

#P068

「ヨレパン」とは時間をかけて
大事に育てるもの

2017年10月取材
50歳／しし座／O型
神奈川県相模原市生まれ、ブラジル、サンパウロ育ち
日本国籍／東京都目黒区在住
パッケージデザイナー
日本人男性と結婚8年目
所有数 15枚

　5歳から24歳までブラジルで暮らしていたが、勝負パンティやセクシーパンティには興味がない。はいてみたことはあるけれどパンティでアピールしようと思ったことはない。ブラジル人がすごいから、同じように勝負してもかなわないと思ったのかもしれない。

　30歳ぐらいのときにつき合っていた男性に**「またベージュで色気がない」**と言われて以来、意地になって勝負パンツははかないことにした。当時「色気がない」と言われれば言われるほど褒め言葉に感じていた。今もベージュか黒のパンティが基本になっている。

　1年に1回ぐらいの頻度で買い替えていて、毎回5枚ぐらいをまとめ買いする。値段は1000円ぐらいのものが多い。基本的にあまり捨てられない派。

#P068-a｜セクシー

1年ぐらい前に駅ビルの中に入っているお店で買ったトリンプのもので、2000円ぐらいだった。レースが黒で、裏がベージュのツートーンが気に入って購入した。ブラジャーが合うものがなかったのでパンティだけ。ブラジャーはセミオーダーでも合わず、あるブランドのフィットするものを愛用している。そちらもベージュと黒を持っているため、**パンティと色をコーディネート**して着用している。

#P068_b｜リラックス

「ヨレパン」とは時間をかけて大事に育てるもの。腰のゴムが伸びてくるぐらいが良い。こちらは2年間かけて大事に育てたもの。購入時から、育てるのが目的で手に入れた無印良品の3枚セットのうちの1枚。ほかの2枚はまだ育っていない。「ヨレパン」のなかでもいちばん育った自慢の1枚。家にいるとき、夜寝るとき用だが、できればこれを一日中はいていたい。

#P068-c | お気に入り

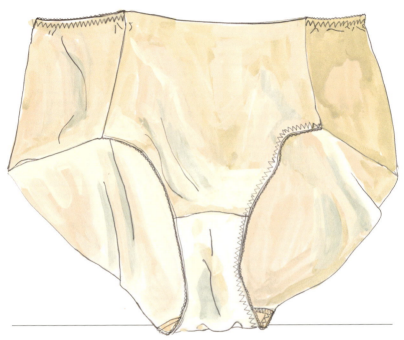

どんな服でも響かず、気にせずにはけるものがほしくて、2年前に東急デパートのセールで購入したワコールのもの。1000円ぐらいだった。同じものを何枚もほしいが1枚しかないのが残念。仕事やお出かけのときでも日常使いではいている。シームレス、肌ざわり、形、ゴムの質、すべてが気持ち良い、かなりのお気に入り。

ヨレパンの話

ヨレパンを意識的に育てるようになったのは15年前からだった。捨てようと思っていた1枚をたまたまはいてみたらとても心地がよかったのだ。以来、気がつけば自然とその1枚を選んではくようになっていた。仕事で疲れている日なんかは、**早く帰ってヨレパンに着替えたいと思うほど好きになった**。今は、ようやく4枚を育てあげたが、それぞれヨレ方に個性があるから面白い。**ヨレパンがないと生きていけない。**

#P069

30代後半からは、
デザインよりも心地よさ重視

2017年10月取材
42歳／さそり座 ／A型
東京都中野区生まれ、千葉県習志野市育ち
日本国籍／東京都世田谷区在住
オプティシャン（眼鏡技師）
日本人男性と交際4年目、事実婚
所有数 約15枚

　以前は一度にたくさん買って、しばらく使って、いたんでしまったら処分していた。最近は、ものを増やしたくないと考えるようになって、買う回数が少なくなった。1年に1回、3枚ぐらい買って、そのときに一気に処分している。1枚にかける金額は1000～2000円ぐらい。ブラジャーとは特に揃えず、バラバラで買うことが多い。休みの日で特別なお出かけの日はアウターによって上下を合わせることもあるが、ふだんは気にしていない。

　30歳まではこだわったものを選んでいたが、30代後半から一気に変わり、デザインよりも心地よさを絶対的に重視するようになった。**パンティは快適さ、それが大事**。パートナーがいない時期が長かったのも関係があるのかもしれない。それでも見た目は可愛いほうがいいと思っている。

#P069-a｜セクシー

5年ぐらい前に伊勢丹で買った2000円ぐらいのDHCのもの。いつもは快適なものが好きなのでデザインだけでは選ばないのだが、このパンティの購入当時は恋人がいなかったので、身につけるものを「女の子らしくしたらいいのかなぁ」と思って選んだ**トライアルのひとつ。お気に入りだからはかないようにしている**が、レースなどのヌーディな服と合わせたり、タイツをはかないスカートの日などにはくことが多い。人の目にセクシーに映りたいのではなく、自分のためだけにはくパンティ。今のパートナーは下着に興味がない様子。

#P069−b｜リラックス

3年ぐらい前に女友達からプレゼントしてもらった、オーストラリア土産。快適になりたい気分のときにはいている。休みの日、ゆっくりしたい日にはく。また体調が悪い日はこれを身につけると**気持ちが元気**になる。

#P069-c｜お気に入り

5年ぐらい前に偶然通りかかったH.P.FRANCEで開催されていたホォアナ デ アルコのポップアップショップで、可愛くて一目惚れ。キャミソールと一緒に購入。パンティだけで3000〜4000円ぐらいだった。はき心地があまりよくないので、はいていないけれど、気に入っているのでとってある。購入した当時、**ルンルンのちょっと手前の気分のデートの日にはいていたこともあった**（その日は何もなかった）。

#P071

男性の気配を呼び込む
女友達のプレゼントパンティ

2017年10月取材
28歳／さそり座／B型
神奈川県生まれ、神奈川県育ち
日本国籍／神奈川県横浜市在住
美容関係の仕事
特定のパートナーなし2年ぐらい、 それなりの気配はある
所有数 約10枚

　年に2回ほど気が向いたら2枚ずつぐらい買う。2枚買ったら2枚捨てる。同業者でランジェリー好きの母から受け継いだ子どものころからの習慣。常に10枚ぐらいをキープしている。

　ショッピングのついでや、何となく男性の気配がしてきたら買ったりする。1枚にかける金額は2000〜4000円ぐらい。

　毎年誕生日に、ランジェリーマニアの女友達が上下セットをプレゼントしてくれる。ピーチ・ジョンのものが多いので自分でも買うように。恋人がいないときも**「いざというときに」**と渡してくれる。それを身につけると、男性の気配がしてくるから不思議。誕生日が秋なのでここ数年秋の終わりに「何か」があることが多い。

　無意識に相手の男性が好きそうな色やデザインを想像して選んでいるからか、褒めてもらうことが多い。開放的に眠りたいから夏は全裸か、男性用トランクスとTシャツで寝る。以前彼氏のトランクスをはいたら意外に開放的で心地よかったから。冬はベロア調のジャージをパジャマがわりにして、パンティははかない。

#P071–a｜セクシー

半年ぐらい前に、色が大人っぽくてセクシーだったので選んだ上下セット。ピーチ・ジョンで1枚1500〜2000円ぐらい。ふだんばき用。Tバックなのでスカートに合わせることが多い。夜の予定がありそうなときは上下揃えるけれど、そうでないときは気にしていない。パンティは他人には見えない部分だからこそ、その人の性格やこだわりが出ると思う。恋人の有無にかかわらず、**見えないところにこそお金を使っている人は本当におしゃれな人だと思う。**

#P071−b｜リラックス

3年ぐらい前、ロサンゼルスに旅行した際に水着を買いにいき、水着売り場のすぐ横にあって一目惚れしたヴィクトリアズ・シークレット。1200円ぐらい。青と赤を2枚ずつ合計で4枚買った。けっこう好きで**「失いたくないパンティ」**。あと2枚しかないので、ネットで買えるならまた買いたい。どこへでもはいていけるデザインで、サニタリーショーツとしても使っている。アウターにも響かないので日常的にはく。夏にぴったりの「大人パンティ」。

#P071-c｜お気に入り

5月に母と一緒に選んだピーチ・ジョンのセット。上下で5000円ぐらい。くたびれさせたくないので、大事にしている。見せる機会がありそうなときにはく。男性にお披露目はしたけれど、思ったほど反応はなかった。

#P073

シャンタル・トーマスが似合う
ボディがほしかった

2017年11月取材

年齢非公開／いて座／ 血液型不明（調べたけれど覚えていない）
記憶はないけれどハワイ生まれ、兵庫県育ち
日本国籍／東京都渋谷区在住
ダンサー、官能舞台芸術家、美術演出家
特定のパートナーなし、ボーイフレンドあり
所有数 約30枚

　グラマーな「ボン・キュッ・ボン」体型なので身体に合うものが少なく、**パンティは自分で作ることが多い**。ハイウエストなものがフィットする。また、こういうのほしいなと思ったときにも作るようにしている。購入する場合は300〜20000円まで、良いと思ったらお金をかけるようにしている。できれば上下セットで買うようにしている。身につけるときは上下それぞれのアウターに合わせているので、バラバラなことが多い。いたんできたら処分している。大事に使うとツーシーズンぐらいは使える。

　パンティとは**裸よりも身体を美しくみせるアクセサリー**。そこがいちばん楽しみでパンティをはいている。リンパを締めつけられるから**基本的にはノーパンのほうが好き**。快適さと見た目両方にこだわっている。また、自分が気持ちいいと感じるもの、好きなものがはっきりとしている。

#P073-a｜セクシー

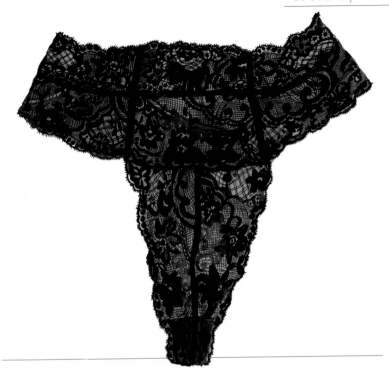

12歳で初潮を迎えたときにやっと大人の身体を手に入れたことが嬉しくて、自分のお年玉とお小遣いを合わせて祖母に買ってもらった思い出深い1枚。大丸神戸店のランジェリー売り場でショーケースに入っていた憧れのシャンタル・トーマス。20000円弱だった。祖母は「レディが身につける良いもの」は買ってくれた。祖父母に育てられて周りに「女性」がいない環境だったぶん、強い憧れがあった。シャンタルが似合うボディがほしかった。背が伸びる運動もたくさんした。マセた美意識は今も変わっていない。理想の女性像というのを追求したくてプロのダンサーになった。その根源にあるパンティ。宝物なのでショーでしか身につけない。いまだにこの上をゆくセクシーなものには出合えていない「**究極のセクシーパンティ**」。

#P073_b｜リラックス

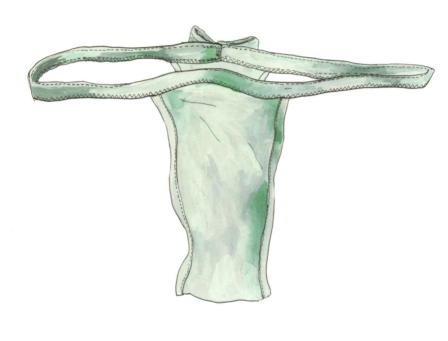

2ヶ月ぐらい前に自分で縫ったもの。クリスチャン・ラッセン風の80年代っぽいTシャツが自分のなかで流行っていて、それをリメイクした残り布で作った。制作時間は1時間ぐらい。コットンはいたむのが早いので、随時作る必要がある。糸までこだわった100%コットン。

#P073−c｜お気に入り

ショーに合わせて、自分のお尻周りを飾る**最高のカッティングの1枚**がほしくて、3年ぐらい前に作った。動いたときにはみ出さない、美しく見えるTバック、踊っているときの安定感など、めちゃくちゃこだわった1枚。揃いのブラもあり。キラキラ光るスパンコールの「見せパン」ナンバーワン。

#P075

好きな人に会うときにはいたけど、
寂しくなるから見せなかった

2018年4月取材
26歳／ふたご座／O型
神奈川県横浜市生まれ、横浜市育ち
日本国籍／横浜市在住
役者、アルバイト
好きな人ありだが、3年間は会わないと決めている
所有数 16枚

　1年に2回ぐらい、古いものを捨てたときや仕事が決まって本番前に気分を上げるために買うことが多い。1500円以内のもので上下合わさず、パンティだけで買うことが多い。穴を見つけたときとかお尻のあたりがかすれてきたらすぐに処分している。とても気に入ったパンティで小さい穴だったらかがったりすることも。

　パンティとはホッと安心するもの。仕事のオーディションや、その日の予定によって選んではいている。

　実は最近、30歳までに役者として芸能の仕事で自立したいので、自分ルールであと3年間は好きな人と会わないことを決めたばかり。相手は理解してくれたけれど寂しそうだった。

#P075_a｜セクシー

1ヶ月前に黒でフリルじゃないもの、シンプルなパンティがほしくて、**ネットのフリマアプリで買った新品**。すべすべしたものが好きなので選んだ1枚。送料込みで500円ぐらいだった。好きな人に会うときにはいたけれど、見せてはいない。寂しくなるからそういう関係にならないでおこうと決めた。その1回しかはいていない「思い出パンティ」。

#P075_b | リラックス

6年ぐらい前にピーチ・ジョンのネットセールで1000円ぐらいだったと思う。母親が買うときに一緒に買ってもらった。母は63歳だけど娘よりも女子力が高い。1日家にいるときや、動きやすいのでバイトのときにはくことが多い。**ストレスフリーな「安心パンティ」**。

#P075_c ｜お気に入り

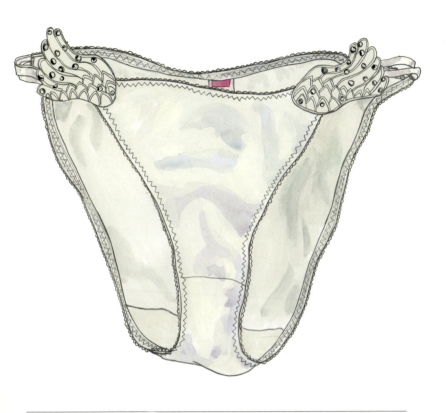

6年ぐらい前、上下合わせて5000円ぐらいで買ったピーチ・ジョンのパンティ。これもネットで母と一緒に買った。友人と会うとき、ショッピングするとき、ちょっとウキウキなときに身につけている。当時のボーイフレンドとの**初めてのときに身につけていたが、気がついてもらえなくてショック**だった。せっかく可愛いのはいてるのに、どうでもいいのかなと思って悲しくなった。年上の男性なのになんで気がつかないんだ！　その後しばらくしてさよならした。

パンティコラム 5

パンティとお年頃

パンティの傾向は年齢によっても変わってくることはコラム2で
もお伝えしましたが、ここでもう少し詳しくお話ししましょう。

*

自らランジェリーを選び購入することは、女性としての成長や
自立を意味するのではないでしょうか。それまで母親に買い与
えられたり、一緒に選んでいたりした人が、大学進学や就職、
家を出て一人暮らしを始めるタイミングで「自分で選ぶ自由」
を手に入れるのです。

オムツからパンツへから十数年を経て、パンツからパンティ
へと変化するターニングポイント。どのような大人の女性になり
たいか、何が好きなのかを探りつつ、いろいろなタイプのパン
ティを身につけ始める冒険期が10代終わりから20代初めなの
ではないでしょうか。人には自分がどのように映っているのかも
考えます。身体のラインも綺麗なので、どのようなデザインでも
ストレスなく身につけることができる時期です。

*

30歳前から30代半ばまでは、結婚、出産、仕事などそれぞ
れのライフスタイルを力強く選んで生きていくなかで、自分の選
択が果たしてこれでいいのだろうかと、ふと立ち止まるときもあります。
周りの女性たちがキラキラと眩しく、何をしてもかなわないよ

130

うな、取り残されたような気持ちになることがあるのです。そんな心情もパンティに反映されているように感じます。気がつくと機能性だけを重視したものばかりになっていたり、または理想の女性像に近づけるようなものを意識して揃えたり、パンティにこだわりのある人とそうでない人に大きく分かれる傾向にあるのもこのころ。

＊

そしてさまざまな経験を重ねて、自分を知りそれを受け入れる術を身につけた30代後半ぐらいから、どんなパンティが好きでリラックスできるか、心を昂ぶらせる1枚は何か、いちばん自分らしくいられるときに何を身につけていたいか、とても明確に選択していく充実期に入ります。経済的にも安定し、隠された部分にお金をかけることができる人も多いでしょう。

パートナーの有無にかかわらず、充実している女性は我儘です。自分が好きなものを自分だけのために身につける。誰にも見せない自分だけの秘密を大切にしているのです。休みの日にリラックスした服装でも、その下はとびきり素敵なパンティを身につけていたり、今日はどんな日になるか想像しながらパンティを選ぶ時間を楽しんでいるのです。

1枚のパンティを選んでいる瞬間に、性に対する自分のあり方、年齢とともに変化していく身体とどのように楽しくつき合っていくかを含め、それぞれの生き方を自ら選び取っているのではないでしょうか。

取材をしていて、年齢に関係なく自分らしい1枚を楽しげに見せてくれて、それぞれのエピソードを大切に語ってくれる女性たちの生き方を美しいと思いました。

#P076

可愛いのを選んでいるので、
ちゃんと見てほしい

2018年5月取材
20歳／かに座／O型
群馬県渋川市生まれ、高校卒業まで渋川市育ち
日本国籍／東京都調布市在住
国際学部の学生
日本人男性と交際3年ぐらい、高校の 同級生なので知り合ってからは5年ほど。 1年前から同棲している
所有数 12枚ぐらい

　もともと下着は素敵なものをと気にはしていたけれど、隠れているから洋服ほど興味はなく、枚数をそんなに持っていなかった。半年ほど前に家族でパンティオロジーの展覧会を観た際に話題になり、みんなに少ないと言われて以来、いろいろな下着メーカーを見るように。可愛いものを揃えたくて今はワンシーズンに1セットは購入している。もともと上下揃っていないと落ち着かない。ほつれとか汚れなどで、古くなったら買い替えている。1枚にかける金額は2000円以内。

　高校生のときは親が買ってきたものをはいていたが、大学生になり一人暮らしを始めて趣味が変わった。安いし可愛いデザインも多いのでピーチ・ジョンが好き。女友達と街をブラブラしているときにたまたまランジェリーを一緒に見ることはあるけれど、あえて下着の話をしたりはしない。

　彼は下着にまったく興味がない。可愛いのをわざわざ選んでいるので、ちゃんと見てほしいけれど、見てくれないからつまらない。

#P076-a｜セクシー

1年半前、ガーターだけど甘めであまりセクシーになりすぎないのが気に入ってピーチ・ジョンのネットショップで購入した1枚。2000円ぐらいだった。パリのフィフィ シャシュニルというブランドのロココな感じが可愛くてほしかったのだけど、高くて買えなかった。**たまたま似たようなテイストのもの**を見つけたので買ってみた。お披露目したときに白いニーハイと合わせていたからか、彼は「なにそれー？」というような反応だった。何かのコスプレにしか見えなかったらしい。何回か特別なお出かけのときにはいたが、ガーターがアウターに響いて邪魔に感じた。スカートに合わせて、見えても見せパンになるかなと思っていたけれど、よく考えたら「見えたらやばいな」と思ってはくのをやめてしまった。可愛いからとってある。

#P076-b | リラックス

大学1年のとき、ちゃんとした下着がほしくて初めてピーチ・ジョンに行ったときに買った3枚セットの1枚。一人暮らしを始めたタイミングで身の回りのものを全部揃えたときに下着も買った。青とレースが好きだから一目惚れした、**初めての「大人パンティ」**。大事にしたいので気をつけてはいるが、ふだん着としていつでもはく。

#P076-c｜お気に入り

1ヶ月前に紐っぽいのがほしくてピーチ・ジョンで2000円ぐらいで見つけた1枚。締めつけ感がなくて、はき心地がとてもよい。デイリー使い。紐パンがほしくて女友達に聞いたら「紐パンなんてはきづらくてしょうがない」と言っていたので、違うものを探していたところ、これを見つけて一目惚れ。彼はこのパンティの存在さえも知らないと思う。

#P077

「新しいの買ったの? 可愛いね」
などと、夫が褒めてくれる

2018年5月取材	
46歳／さそり座／A型	
京都府京都市生まれ、京都市育ち	
日本国籍／京都市在住	
介護福祉士	
日本人男性と12年前より交際、結婚6年目	
所有数 約20枚	

　「くたびれどきが買いどき」。古くなってきたら新しいものを購入し、常に20枚ぐらいを常備している。気分が良い春に買っている印象が強いが、改めて考えてみるとワンシーズンに1～2枚ほど購入している。

　締めつけ感の強いブラジャーはしないので、上下セットではなくパンティのみ購入することが多い。身につけるときは上下の色が揃っていないと嫌なので、服に合わせコーディネートをしている。**母も同じくコーディネートをしていたので、知らないうちに影響されているのかも**しれない。

　パンティ1枚にかける金額は500～1500円ぐらい。素材はコットンや緩い形のものが好き。若いころはセクシーな総レースなど揃えていた時期もあったが、35歳ぐらいから自分のために身につけるようになり、**素材重視になってきた**。夫は洗濯物を取り込んでくれる際に「新しいの買ったの？　可愛いね」などと褒めてくれる。本当はどんな下着が好きなのか、下着そのものに興味があるのか、知らない部分である。

#P077_a｜セクシー

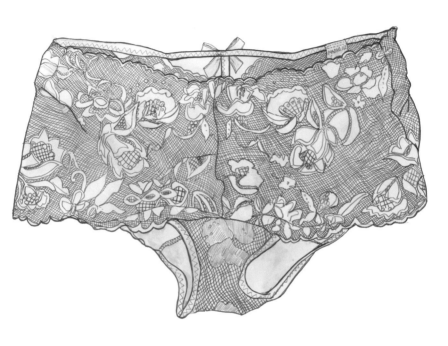

結婚したときに友人がプレゼントしてくれたパンティ。純白のものをはくのが恥ずかしくて実は1回もはいていない。ブルーの色違いももらって、そちらはくたびれるぐらいはいたのだけれど、純白のものは出番があるのかなぁ……。「**最もセクシーな1枚**」の座をずっとキープしている。これからもまだ捨てずに持っておく。

#P077_b | リラックス

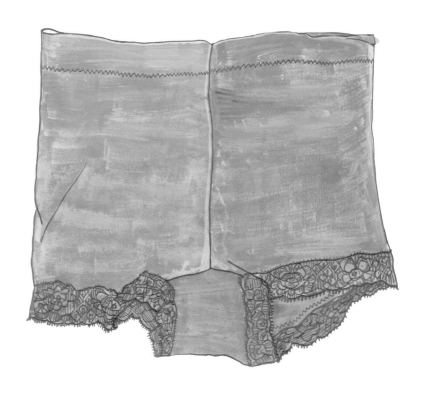

1ヶ月ほど前にランジェリーショップで購入したグンゼ。リハビリのアシスタントという職業上、身体を動かすことが多く、その際に食い込まないという点はとても重要。これはおなかを締めつけないトランクスで、しっかりしていて、ずれることもなく、とても楽。さすがグンゼ。800円ぐらいで、色違いで持っている**最近ヒットの楽な1枚**。とにかく、ごそごそしないのが素晴らしくお尻がすっぽり包まれるのが良い。日常ばき。

#P077-c｜お気に入り

1ヶ月ほど前、靴下を買いにスーパーマーケットのイズミヤに行った際に偶然に見つけたアツギのパンティ。800円ぐらいだった。「おしりのきもち」ショーツというネーミングに惹かれて手にした。レースの部分以外はオーガニックコットン100%。本当にお尻のことを考えて作られたのだなと思う1枚で、**まるで2年育てたようなはき心地**。日常ばきで大変気に入っている。

#P078

離婚してすぐハンターの気持ちで
ガーターベルトを初めて購入

2018年5月取材

36歳／いて座／A型

宮城県石巻市生まれ、石巻市育ち、
18歳から京都府京都市へ

日本国籍／京都市在住

障害者支援施設の職員

年下の恋人あり

所有数 約20枚

　毎年元旦に新しい下着をおろしている。実家で母が習慣にしていたので自然に身についた。歯ブラシ、靴下なども新調する。1枚にかける金額は1000～7000円ぐらいまで。

　捨てるタイミングは気分で。パンティの色を「強い」と感じたときなど、**そのときの精神状態に合わないと捨ててしまいたくなる**ことがある。逆にボロボロになっても気にならないものは意外と置いてあったりする。

　以前、結婚していたことがあり、そのころは女性性を抑えたいと感じて、黒い洋服ばかり着ていた。ランジェリー関係の仕事に就いていたにもかかわらず、下着も女らしさを抑えたくてレースのものなどは避け、できるだけシンプルなものを身につけていた。

　東日本大震災を機に興味があることは学んでみようと思い立ち、ベリーダンスを始めた。当時30歳。それまで抑えてきた**女性性が急に解放され**、着ていた黒が強すぎて着られなくなってしまった。以来、色のある服や下着を着るように。

#P078-a｜セクシー

2年前に離婚してすぐに、ハンターの気持ちでセットでガーターベルトを初めて購入。ワコールのものでパンティだけで5000円ぐらいだった。**恋人が家に来るときにその瞬間のためにはいたりしている。**彼はパンティよりもガーターベルトに興味を持っているようだ。

#P078_b｜リラックス

3年ぐらい前に身体のことを考えて「冷えとり健康法」を取り入れた際に無印良品で購入した1500円ぐらいのもの。休日に家でゆっくりするときにはく。すごく**懐かしい気分**になれる1枚。現在おつき合いしている恋人はどちらかというとTバックが好きなのかなと思っていたが、このパンティをはいている日にたまたま家に遊びに来たときとても喜んだので、もしかしたら**Tバック**などよりも**生々しい**のかもしれない。

#P078−c｜お気に入り

1年半ぐらい前に購入したウンナナクール、1500円ぐらい。ミモザの春らしい感じに惹かれて購入した可愛い1枚。セクシーではないが、ちょうど良い女性らしさがあり、**恋人がいてほかの男性をハントする必要のない今の自分に馴染んでいる**と思う。また季節感があり、たまご色が派手すぎず地味でもないところが好き。雨の日は、はきたくない。

#P079

夫から支給されるシステム

2018年5月取材

41歳／おうし座／O型

愛媛県新居浜市生まれ、愛媛県、神奈川県、
スペイン、マドリード育ち

日本国籍／京都府京都市在住

介護福祉士

日本人男性と結婚7年目、子ども1人（長女）

所有数 約15枚

　枚数はそれほど多くないが入れ替えの代謝は良く、常に15枚ほ
どをキープするようにしている。破れたりして「もうはけない」と
思ったら処分する。夫が自分のものを購入するついでに妻のパン
ティを購入するシステム。ワンシーズンごとに支給される。自分の
趣味はまったく考慮されていない。夫は「はきやすいと思います」
などとコメントを添えて渡してくれるので、私のことを考えて選ん
でいるようだ。平均金額はおそらく約1500〜3000円。
　このシステムが定着したのは、夫がインターネットで買い物をし
ている際に、たまたまレディースのものもセールしていたのがきっ
かけ。特に私の下着に不満があったとか希望があったからではない。
　この2年自分ではほとんど買わなくなった。それまではシンプル
な黒のユニクロやシームレスなどを好み、上下セットで買っていた。
出産後、ユニクロのブラトップを身につけるようになってからブラ
ジャーは買わなくなった。

#P079–a｜セクシー

1年ぐらい前に夫がネットのセールで3000円ぐらいで購入。推測すると、**とっておきのときにはいてほしくて購入したのではないか**と思われる。夫の誕生日や夫婦喧嘩をしてしまったときにはいてあげようかな。まだはいていない1枚。

#P079_b｜リラックス

CALVIN KLEINがいちばんはき心地が良い。夫から半年ぐらい前に支給された1枚。おそらく2000円ぐらい。「シームレスのパンティがアウターに響かないから良い」と以前言っていたのを聞いていたのだと思う。それを覚えていてくれて、明るい柄が好きなのではないかと選んでくれたのだと思われる。日常的にはく1枚。同じものを2枚持っていて、もう1枚はまだはかずにとってある。

#P079-c ｜お気に入り

1年ほど前に夫がセールで選んだ3000円ぐらいのもの。もう1枚、刺青柄も同じタイミングで買ってくれた。最初に見たときは「え？花札？」って思ったのだけれど、梵天太郎というアーティストを知るきっかけになったので今はとても気に入っている。夫は任侠映画が好きだから選んだのだと思う。仕事のときは、更衣室で着替えているさい同僚に見られてしまうリスクがあるため躊躇してはいていないが、それ以外は気にせずに日常的にはいている。女友達と銭湯へ行くときにはぜひはきたい。

#P085

下着にも季節があると気づき
衣替えをするように

2018年7月取材	
33歳／うお座／O型	
大阪府大阪市生まれ、大阪市育ち	
日本国籍／大阪市在住、京都府京都市勤務	
アパレルの会社員	
日本人男性と結婚7年目	
所有数 約30枚	

　今の会社に入って下着にも季節があることに気がつき衣替えをするようになった。アパレルの会社に勤務していることもあり、年に2回、会社で購入することが多い。1枚にかける金額は3000〜4000円ぐらい。上下セットで購入する。ヨレっとしたり、致命的に汚れたら処分している。できるだけ物を少なくしたいので1枚買ったら1枚処分している。

　かつては激しめのものが好きだった。ランジェリーのめくるめく世界があることを発見した当初は、Tバック的なものも試したけれど4〜5年の冒険期間を経て今はそれが落ち着いてきた。また、**30歳を過ぎて身体に負担がないもの**を自然と選ぶようになってきた。その日に着る洋服に合わせてアウターに響かないように選んでいる。

　パンティとは身近にあるもの。旅行のときはTシャツと同じ枚数を持っていく。Tシャツとパンティ、同じ感覚でどちらも好き。自分を飾るのではなく清潔さを大事に考えている。

#P085-a｜セクシー

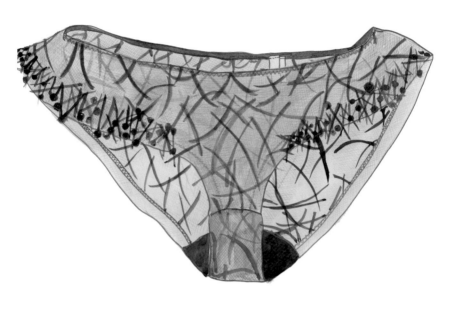

銀座のワコールディアで3〜4年前に購入した1枚。仕事で「今日はきばらなあかん」というときや、友人と東京へ行くときに身につけている。セクシーで女らしいとされるひらひらフリフリはあまり好みではなく、このパンティはセクシーだけれどカジュアルさもあり気に入っている。

#P085_b｜リラックス

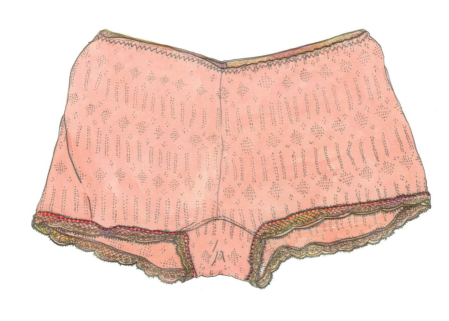

休みの日にはく。ゆったりとしたデザインで手ざわりもよく、これをはくと「休みの日がきた！」と感じる。友人が趣味で作ってくれたパンティ。

#P085-c｜お気に入り

ビビッドなピンクはほかに持っていないので、レア感が気に入っている。会社を辞めた先輩の引っ越しを手伝いにいった際に新品の状態で貰ったパンティ。わりとよくはく1枚。

#P090

周囲に絶対秘密のアニメオタク
だからこその「エヴァパンティ」

2019年6月取材

26歳／てんびん座／AB型

茨城県古河市生まれ、古河市育ち

日本国籍／東京都文京区在住

歯科衛生士

地元に6歳年上の日本人男性の恋人あり。
交際9年目

所有数 約15枚

　ランジェリーが好きなので、**理由を見つけてはシーズンごとに3
〜4枚は購入**。高校生のときからピーチ・ジョンで買うことが多い。
金額は1000〜2000円ぐらい。母も姉もそのようにしていたので、
常に上下セットで揃えている。処分するときも必ず上下セット。

　夜、お風呂のあとに明日はどのパンティにするか丁寧に選ぶのが
とても楽しい。**下着中心で洋服を選んでいる。女の人の美しい姿は
ランジェリーを身につけている姿**だと思っているので、ないがしろ
にしたくない。

「夏は露出したい」「派手が可愛い」と思っていたギャル時代から
体型を気にするようになり、筋トレを始めた。常に綺麗な身体でい
たいと思わせてくれるランジェリーはとても大切な存在。

　つき合って2、3年目までは恋人の好きなセクシーパンティだっ
たけれど、今は、好きなものを好きなときにはく。**歯科衛生士になっ
てから男に媚びなくなった**と感じている。下着の変化に彼は気づい
ていないかも。

#P090-a｜セクシー

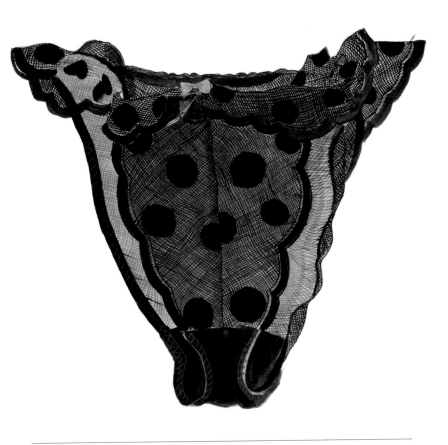

4年ほど前に2500円ぐらいで買ったもの。思い出があって捨てられない。恋人と会うときや「ちょっと今日は何かあるかも？」というウキウキすることがありそうな予感がするときに身につけていることが多い。バックスタイルが透けていて、サイド部分が細く、お尻は布が少ないデザインが気に入っている。恋人と一緒に選んだので、彼も覚えているパンティ。

#P090_b | リラックス

リラックスパンティが多くなってきているので一新しようと、1ヶ月ぐらい前に彼と買いにいった。見事に趣味が合わなかったので、最終的には自分の好きなものを買った。新宿アルタで見つけたエメフィール、1500円ぐらいだった。急いでいたので、ゆっくり選んでいる時間がなかったが、カラーが気に入ってパッと決められた。お尻のレースのスケスケ感がよい。リラックスしていても刺激を求めている。ふだん用。

#P090-c｜お気に入り

3年前に買った「エヴァパンティ」。ピーチ・ジョンで3年ぐらい前に企画していたコラボ商品。上下セットで9000円ぐらい、パンティだけで3000円ぐらいしたと思う。**ギャル時代から周りには絶対に秘密にしているけれど、実はすごくアニメオタク。**『新世紀 エヴァンゲリオン』が大好き。パンティは他人には見せないものだから、それぐらいは自分の好きなものを身につけていたい。先行予約までして手に入れたから本当に大好きなパンティで、もう一度企画してほしいと思う。エヴァ好きな彼のお気に入りのパンティでもあり、ワクワクするお出かけのときに身につけることが多い。

掲 載 メ ー カ ー リ ス ト

＊パンティの持ち主が明言したメーカーのみ
掲載しています。50音順

アツギ ATSUGI
1947年に神奈川県で創業した、ストッキングなどが主力の下着メーカー。1964年よりランジェリーも展開し、肌に優しい素材で快適に過ごせることを追求したデザインを提案している。

アメリカンアパレル American Apparel
1989年に創業したロサンゼルス発の衣料品メーカー。シンプルなデザイン、素材と肌ざわりにこだわり、生活のベースとなる衣服を提供することがコンセプト。

アンディズ undiz
2007年に誕生したエタムの姉妹ブランド。若い女性を対象にカジュアルでポップなランジェリーや水着など幅広い商品を低価格で展開している。

ウンナナクール une nana cool
2001年に設立されたワコールのランジェリーブランド。「ちょっとカッコいい女の子」に憧れる、ファッション感度の高い女性をターゲットに展開。シンプルでセンスの光るデザインや、カラフルで可愛らしいプリント使いのものを提供する。

ヴァレージュ VALEGE
パリの老舗コルセットメーカーが1996年に創業したランジェリーブランド。より素敵に脱ぐために身につけるランジェリーがコンセプト。上質な素材を手頃な価格で提供し、さまざまな体型の女性が楽しめるようサイズも豊富に揃え、チェーン展開。

ヴィクトリアズ・シークレット
Victoria's Secret
1977年にサンフランシスコで生まれた、ア

メリカのランジェリーブランド。当時は安くて実用的なもの、もしくはヨーロッパ製の高級品しかなく、その間を狙った。また、男性が恥ずかしがることなく恋人にランジェリーを買える店舗を展開。ランジェリーのファッションショーも有名。

H&M
カジュアルでファッション性の高い衣料品を、低価格で提供するスウェーデン発のトータルファッションブランド。有名ファッションデザイナーとのコラボレーションなども人気。ランジェリーはトレンド感あるデザイン。創業1947年。

エージェント・プロヴォケイター
Agent Provocateur
1994年に創業したイギリスの高級ランジェリーブランド。働く女性の日常生活をセクシーにし、女としての喜びを深めるために女性に寄り添うランジェリーがコンセプト。創業者はヴィヴィアン・ウエストウッドの息子のジョセフ・コー。ナースをイメージしたセクシーな制服も有名。

エタム Etam
フランスでチェーン展開する1916年に創業したランジェリーメーカー。70年代にはランジェリーショップとしては初めてハンガーに商品をかけ、顧客が自由に手にとって見られるスタイルを導入し、爆発的な人気に。フェミニンなものからセクシーなものまで幅広いテイストのものが揃い、小物も充実しているのが特徴。

エメフィール aimerfeel
1998年よりブラジャー＆パンティの生産を本格的に開始した神戸のブランド。トレン

ドを取り入れた可愛くてセクシーなデザインで、豊富なサイズ展開をしている。

オーバドゥ　Aubade
1958年にパリで創業した高級ランジェリーブランド。自由を追求する女性たちのために、先進的で刺激的、ときにユーモラスなデザインを発信。ブラとショーツのカラーを合わせることを提案した最初のブランド。

カルバン・クライン　Calvin Klein
1968年ニューヨークで創業したアメリカのアパレルブランド。ランジェリーではコットンなどの天然素材をベースにした伸縮性の高いテキスタイルを用い、シンプルで洗練されたデザインが特徴的。

グンゼ　GUNZE
1896年に創業した京都府の製糸会社。1946年から「メリヤス肌着」を生産する。日本製コットンショーツの定番。肌に優しく衛生的で、シームレスなどはき心地もよいデザインが特徴的。

サンドロ　sandro
1984年にパリで生まれたアパレルブランド。さりげなくおしゃれなパリジャン、パリジェンヌたちにインスピレーションを得て都会派のファッションをデザイン。

シャンタル・トーマス　Chantal Thomass
1975年に創業したフランスのブランドで、ランジェリーデザイナーズブランドの先駆け。「セクシーで魅力的で誘惑的な自分を発見することができる」がコンセプト。アクセサリーのようにファッションとしてランジェリーを楽しむことを提案。

シャンテル　Chantelle
1876年から続く老舗のコルセットメーカーが1949年に立ち上げたフランスのランジェリーブランド。熟練した職人たちが新しい素材を開発し、常に時代に合ったランジェリーを提供している。

ステラ・マッカートニー
Stella McCartney
元ビートルズのメンバーであるポール・マッカートニーの娘が2001年に創業したイギリスのブランド。2008年より、新しい世代の野心的な女性たちに向けたランジェリーをデザインし始める。

DIM
1953年にブルゴーニュ地方で創業したフランスを代表する下着メーカー。当初はストッキングの生産が主。1968年のミニスカートの大ブームに伴いカラータイツが爆発的人気に。2000年代初期にボディタッチという新素材を開発し、シームレスランジェリーが高い人気を得る。

DHC
1983年から基礎化粧品の通信販売事業を開始した日本のメーカー。インナーウェアも手がけ、補正下着を中心に、骨盤ケアアイテム、ダイエットサポート下着などを展開する。

トップショップ　TOPSHOP
イギリスのファストファッションブランド。ランジェリーもトレンド感あるデザインが特徴で、パンティ単品の種類も豊富に揃っている。1964年に創業。

トリンプ　Triumph
1886年にドイツで創業したコルセット製造工場が作ったランジェリーメーカー。女性たちが自信を持ち、自然に生きることをサポートするのがコンセプト。つけ心地、デザイン性・機能性を追求。

ピーチ・ジョン　PEACH JOHN

1994年に創業した日本のメーカー。当時、日本では馴染みの少なかった海外のインポートランジェリーの通信販売を行っていた。その後、可愛いデザインを手頃な価格で提供し、20～30代女性を中心に人気のあるブランドに。

プチバトー　PETIT BATEAU

1893年にパリ近郊の町で創業した子どもの肌着メーカー。赤ん坊や子どものことを考え、肌に優しい素材でしっかり作られているのが特徴。大人のTシャツや下着も手頃な価格で提供し、年齢を問わず人気のブランド。

プラダ　PRADA

1913年にミラノで創業した、イタリアを代表する高級ファッションブランド。当初は革鞄製品店であったが80年代末より靴、レディース、メンズコレクションを展開している。

プリンセス タム・タム
PRINCESSE tam・tam

1985年にフランスでマダガスカル出身のインドをルーツとする姉妹が創業したランジェリーブランド。ありのままの自分が、心身ともに自由で健康的にいられるようなデザインを提案。当時は少なかったビビッドなカラーやプリントで人気に。

ホォアナ デ アルコ　Juana de Arco

アルゼンチン・ブエノスアイレスのブランド。ビビッドでキュートな色使いをし、柄の出方がそれぞれに異なるため、一点物であるのが特徴的。どれを選ぶかによって、感性を引き出し「表現する」ことを提案。

無印良品 MUJI

1980年に日本で生まれたブランド。シンプルで品質の良いものを提供するというコンセプトを軸にデザインされた商品は、幅広い世代に人気。

ユニクロ　UNIQLO

1984年に1号店を出店。日本のアパレルブランド。1949年の創業当初は広島のメンズ衣料品店だった。ヒートテックなど最新のテキスタイル技術を開発し、ブラトップなども提案。多様なニーズに合わせた商品展開をしている。手頃な価格設定で男女問わず幅広い層に人気。

ラ・ペルラ　La Perla

1954年にボローニャでコルセットメーカーとして創業した、イタリアの高級ランジェリーブランド。イタリアの伝統技術を基礎に女性の社会的進出に寄り添い、時代を象徴する女性像に向け新しいデザインを提案。

リズ シャルメル　LISE CHARMEL

1950年代から続くフランスの高級ランジェリーメーカー。クチュール的な作りを得意とするブランド。フランス製のレースなどをあしらった繊細なデザインが特徴的。

ワコール　Wacoal

1946年に京都で創業した日本を代表するランジェリーメーカー。和装から洋装へと転換した時代から婦人洋装下着のデザイン、生産を手がける。「女性と共にある」をコンセプトに、常に時代のニーズに合ったデザインを提供。

ワコールディア　WACOAL DIA

2004年に設立されたワコールの高級ランジェリーブランド。〝クロスカルチャー〟をコンセプトとし、上質かつ独創的なクリエーションが魅力。

文・秋山あい　監修・川原好恵

おわりに

「パンティの絵を描いています」——パンティオロジーはこの一言に興味を持ってくださった多くの方々によるご縁とご協力によって成り立っています。

快く取材に応じてくださった女性たち、その紹介者の方々、取材場所提供者の皆さま、本当にありがとうございました。

この本の編集担当・集英社インターナショナルの河井好見さん、掲載メーカーリストページの監修者であるランジェリーライターの川原好恵さん、ブックデザインのアルビレオさん、パンティを扱うようにひとつひとつ丁寧にお付き合いいただき、ありがとうございました。そして憧れの都築響一さんに推薦文をいただけましたこと、心より嬉しく、感謝いたします。

いつも気にかけてくださっている作家の大竹昭子さん、友人でもある作家の川内有緒さん、装丁家の矢萩多聞さん、恵比寿・山小屋ギャリラリーのみなさま、この本の原型となるものを「作ってみたら?」とお声がけをいただいた京都・誠光社の堀部篤史さん、このプロジェクトを面白がってくださる書店の方々、アートやランジェリー関係の、お力添えくださっている方々。いきつけのバーや飲み屋の仲間、友人たち、いつも的確なアドバイスをしてくれる家族。そしてこの本を手に取って読んでくださった皆さまに心よりお礼申し上げます。

どうぞ素敵なパンティライフを。

2019年　10月

秋山あい
アーティスト。1973年、東京都生まれ。1993年渡仏。仏ボルドー市立エコール・デ・ボザール卒業。パリと東京を拠点に創作活動と作品発表を行う。「考現学的視点」で暮らしや風俗を観察し、今を生きる人々の物語を、鉛筆や水彩のドローイングで描き出す。パリの裏窓から見える風景や、山手線の車窓から見た風景を切り取った作品、生活雑貨や建物、人物を描いた作品などがある。 http://ai-akiyama.com/

パンティオロジー

2019年11月10日　第1刷発行

著者
秋山あい

発行者
手島裕明

発行所
株式会社　集英社インターナショナル
〒101-0064　東京都千代田区神田猿楽町1-5-18
電話 03-5211-2632

発売所
株式会社　集英社
〒101-8050 東京都千代田区一ツ橋2-5-10
電話 [読者係] 03-3230-6080 [販売部] 03-3230-6393 (書店専用)

印刷所
大日本印刷株式会社

製本所
ナショナル製本協同組合

定価はカバーに表示してあります。
造本には十分注意しておりますが、乱丁・落丁 (本のページ順序の間違いや抜け落ち) の場合はお取り替えいたします。購入された書店名を明記して集英社読者係宛にお送りください。送料は小社負担でお取り替えいたします。ただし、古書店で購入したものについてはお取り替えできません。本書の内容の一部または全部を無断で複写・複製することは法律で認められた場合を除き、著作権の侵害となります。また、業者など、読者本人以外による本書のデジタル化は、いかなる場合でも一切認められませんのでご注意ください。

© 2019 Akiyama Aï Printed in Japan　ISBN978-4-7976-7380-7 C0095